ナイツ
午前九時の
時事漫才

TBSラジオ
『土曜ワイドラジオTOKYO
ナイツのちゃきちゃき大放送』
編

駒草出版

前口上　～この本について～

土屋　我々ナイツがパーソナリティを務めているTBSラジオ『土曜ワイドラジオTOKYO　ナイツのちゃきちゃき大放送』では、毎回、漫才からスタートするんですけど、これは、番組が始まった2015年10月の第1回目から続けてますよね。

塙　そうでしたっけ。最近認知症になっちゃったんで、何にも覚えてないな。

土屋　最初から酷いボケだな！『ちゃきちゃき大放送』をスタートするにあたって、「せっかく漫才師がやるんだから、毎回時事漫才を最初に入れましょう」ということで始めたんですよね。ふだんの舞台でやる漫才と違うのは、向かい合ってやってる点ですね。放送中は、ラジオブースの中で、テーブルを挟んで座ってますから。

塙 それと、朝9時に漫才やることも、舞台ではありえないですよね。

土屋 そうですね。早起きして聴いてくれてるリスナーのみなさん、ありがたいですねぇ。

塙 まぁ、大半の人はYouTubeに違法アップロードされてるやつを聴いてると思いますけどね。

土屋 そんなこと言うな！　僕らとしても、今では毎週土曜日の朝9時に「チャンカチャンカチャン〜♪」って出囃子が鳴って「おはようございます」って始めるのが習慣になっちゃったからね。

塙 僕はいまだに漫才やらなきゃいけないのを忘れて、普通にオープニングトークやろうとしちゃうときがありますけどね。

土屋 5年近くやってて、まだそんなことあるの!?

塙 それと、もう出囃子が鳴ってるのに、漫才台本が見つからないこともね。台本の種類が多くて、ごっちゃになるんだよ！

土屋 自分のせいだろ！　確かに普通の放送台本と別に漫才台本がある番組って珍しいけどね！　漫才の尺はだいたい2分半から3分くらいで、台本はA4の紙1枚に収まるようになってるんです。それから、これまで番組でやったネタを実際の僕らの舞台の漫才で使うパターンもありましたね。

塙 そうそう。例えば去年（2019年）、京セラドーム大阪の巨人―ヤクルト戦の前にグラウンドでやらせてもらった、吉本の闇営業の漫才なんて、この『ちゃきちゃき』でやったネタ（269ページ「G20とサニブラウンの話がしたいのに……」）をベースにしたものだったしね。

土屋 そういう意味じゃ、いつもテレビや寄席でナイツの漫才を見てくれている人たちも、今回この本を読んで、「あ、あのネタはこのときに作ったのか」って気づくこともあるかもしれませんね。それにしても、これまでやってきた漫才の項目を見返してみると、この4年半で随分いろいろなことがあったんだなって思いますね。

塙　ラグビーワールドカップなんてこの間に、2回やってるし。

土屋　そうなんですよ。

塙　芸能界も騒がしかったですね。ベッキーの不倫が発覚して、謝罪会見開いて活動休止、それから復帰して、結婚、出産ですよ。

土屋　芸能界っていうか、ベッキーの4年半じゃねえか！　他にもいくらでもあったろ！　ということでこの本では、これまでに放送した中から厳選した77本の漫才を収録しております。漫才に出てくるニュース解説も併せてお楽しみください！

もくじ

2017

2018

2019

2020

◎本書はＴＢＳラジオ『土曜ワイドラジオＴＯＫＹＯ　ナイツのちゃきちゃき大放送』（毎週土曜日9：00〜13：00放送）の番組オープニングにて、メインパーソナリティーのナイツ（塙宣之・土屋伸之）が毎週披露している漫才を、２０１５年10月３日から２０２０年５月30日までの回より抜粋して活字化したものです。

◎本書に収録した漫才は、『ナイツのちゃきちゃき大放送』各回の放送日（各タイトルの上の日付）に作られた内容に基づいています。その当時の報道や社会状況を鑑みて構成された作品であることをご了承のうえ、お楽しみいただければ幸いです。

ON AIR

2015

2015年　おもなできごと

1月

○スカイマークが経営破綻
○「IS」邦人人質を殺害
○イチロー、米大リーグ・マーリンズと契約

2月

○ウィリアム英王子が初来日
○西川公也農水相、献金問題で辞任
○サッカー日本代表、アギーレ監督を解任

3月

○大塚家具「お家騒動」、株主総会で決着
○黒田博樹、8年ぶり広島カープ復帰
○桂米朝、死去

4月

○官邸屋上に小型無人機「ドローン」落下
○錦織圭、バルセロナオープン2連覇
○愛川欽也、死去

5月

○大阪「都構想」反対多数で市存続へ
○鹿児島口永良部島で爆発的噴火
○照ノ富士、大相撲夏場所で初優勝

6月

○年金機構、125万件の個人情報流出
○新幹線車内放火事件で乗客2名死亡
○サッカー女子W杯開幕

7月

○安保法案が衆院通過

○又吉直樹、『火花』で芥川賞受賞

○なでしこジャパン、サッカー女子W杯準優勝

8月

○戦後70年「安倍談話」発表

○無人宇宙補給機「こうのとり5号機」、打ち上げ

○世界水泳、日本選手金3メダル獲得

9月

○安保関連法が可決、成立

○東京五輪エンブレムを白紙撤回

○ラグビーW杯、日本が南アフリカに勝利

10月

○TPP、閣僚会合で大筋合意

○原辰徳、読売ジャイアンツ監督退任

○福山雅治&吹石一恵、結婚

11月

○パリで同時多発テロ、130人近く死亡

○国産初のジェット旅客機「MRJ」初飛行

○羽生結弦、フィギュアNHK杯を史上最高点で優勝

12月

○流行語大賞、「爆買い」「トリプルスリー」に

○今年の漢字、「安」に

○水木しげる、死去

福山雅治は芸人ではない

土屋 おはようございます。ナイツの土屋です。

塙 ナイツの塙です。今週はおめでたいニュースが多かったですね。**千原ジュニアさん、麒麟の川島さん、福山雅治さん**……3人のお笑い芸人が結婚を発表しました。

土屋 福山雅治さん、お笑い芸人じゃないよ!

塙 中でも一番驚いたのは福山雅治さんの結婚じゃないですか。

土屋 女優の吹石一恵さんと結婚されましたね。

塙 福山雅治さんは男の僕から見てもカッコいいですからね。顔ももちろんだけど、何よりあの低い声が魅力ですよね、「麒麟です」って。

★1 **千原ジュニア結婚**
9月28日、お笑いコンビ「千原兄弟」の千原ジュニアが、春から交際していた一般女性と入籍したことを、所属の吉本興業を通して発表した。9月発売の写真週刊誌「FRIDAY」で当該女性とのデート写真が掲載されていた。

★2 **麒麟・川島明結婚**
10月1日、お笑いコンビ「麒麟」の川島明が交際していた一般女性と入籍したこ

土屋　それ麒麟の川島さんですから！　確かに川島さんの声もカッコいいけど。

塙　福山雅治さんってたくさんの代表作があるじゃないですか。中でも僕が好きだったのは、コント『ガリレオ』。

土屋　ドラマだよ！　福山さん芸人じゃないんだから、コントやりませんよ。

塙　それから大河ドラマにも出演しました。『龍馬伝』。

土屋　坂本龍馬の役ですよね。

塙　面白かったですねぇ。福山雅治さんの「坂本龍馬が言いそうな一言」。

土屋　福山さん、大喜利やったわけじゃないですからね。

塙　でも何といっても、出世作は『ひとつ屋根の下』じゃないですか。

土屋　そうですね。

塙　たしか、あの演目で福山雅治さん、真打ちに昇進したんですよね。

土屋　福山さん、落語家じゃないから、真打ちとかないんですよ。

塙　ドラマの中では、チイ兄ちゃんの役を演じました。江口洋介さんの弟弟子の役で「あにさん！」って呼んでましたよね。

とを、所属事務所の吉本興業が発表した。川島は「芸人としてまだまだ未熟な私ですが、これまで以上に声も腰も低く低く務め、相方とも力を合わせてさらに頑張ってまいります」とのコメントを出した。

★3　福山雅治結婚
9月28日、歌手で俳優の福山雅治と女優の吹石一恵が入籍したことを発表した。友人関係だった2人は数年前から交際を始めて結婚に至ったという。全国の福山ファンの女性がショックのあまり会社を休んだりする「ましゃロス」現象も話題となった。

土屋　「あんちゃん」だろ！　普通に弟の役だよ。落語家のお話じゃないんだから。

塙　福山雅治さんは役者としてももちろんすごいですけど、本業は歌うほうですからね。代表曲が「桜坂」ですよ。ＣＤはなんと２００万枚以上売れたんですから。歌ネタとしては最も売れたシングルじゃないですかね。

土屋　だから、ネタじゃないんですって。何度も言いますけど、福山さん、芸人じゃないから！

塙　とにかく、おめでたいですよ。福山雅治・一恵師匠、末永くお幸せに！

土屋　夫婦漫才師みたいになっちゃったよ！　いい加減にしろ！　どうもありがとうございました。

原監督の華々しい野球人生をぶり返す

土屋　おはようございます。ナイツの土屋です。

塙　ナイツの塙です。球界の大きなニュースといえば、**原監督退任**[★1]ですよね。読売……え〜……スネ夫じゃなくて、のび太でもなくて……。

土屋　ジャイアンツだよ！　『ドラえもん』の中で迷うな！

塙　読売ジャイアンツの監督を退任することを会見で発表しました。原監督がジャイアンツの監督を務めたのは、長嶋・F・茂雄さんの後で……。

土屋　F、いらないよ！　藤子・F・不二雄みたいになってるよ！

塙　それが大きなプレッシャーだったみたいですね、原えモンにとって。

土屋　ドラえもんみたいになってるよ！　一度、藤子先生の世界、忘れてもら

★1　原辰徳、読売ジャイアンツ監督退任
10月19日、読売ジャイアンツの原辰徳監督が読売新聞東京本社で退任会見を行った。17日のヤクルトとのCSファイナルステージに敗戦後、桃井会長に辞任の意向を伝え、渡辺恒雄最高顧問と白石オーナーに受諾された。原監督は2002〜2003年、2006〜2015年の通算12年でチームを7回のリーグ優勝、3回の日本一に導いた実績を残した（その後、2018年より3度目の監督就任）。

ってもいいですか？

塙　会見では「肩の3が下りた」って言ってましたもんね。

土屋　荷が下りたんだよ！　3じゃなくて荷（2）！

塙　やっぱり野球選手にとってはそれだけ、マスターの存在は大きいんでしょうね。

土屋　ミスターね！　長嶋さん、バーでお酒出しませんから。

塙　せっかくこういう機会なんで、ここからちょっと原監督の華々しい野球人生をぶり返してみます。

土屋　ふり返ってくださいよ。風邪じゃないんですから。

塙　1974年、東海大相模高校に入学し、夏の甲子園には3回連続出場しました。実力と、甘いマスクメロンを兼ね備えて……。

土屋　甘いマスクね！　マスクメロンもそうとう甘いけど。

塙　甲子園のアイドルとして、一度もウンコしなかったそうです。

土屋　本物のアイドルか！　いや、アイドルもしますよ、人間ですから。

塙　そして1977年に東海大学に入学。翌年、東海大学の2年に進学。その翌年、なんと、東海大学3年に進学しました。

土屋　でしょうね。その細かいプロフィール、要ります？

塙　そして1980年に、プロ野球ドラフト1位で、読売ジャイアンツの次のシングルのセンターに決まりました。

土屋　AKB48じゃないんだから！　ジャイアンツはCDとか出しませんよ。

塙　ジャイアンツに入団し、ユニフォームの背中には、8番というマイナンバーを背負いました。

土屋　背番号だよ！

塙　入団2年目でジャイアンツの4番打者を任され、愛称もつけられました。右大将。

土屋　いい、若大将ね！　草かんむり、どこ行っちゃったんだよ！

塙　1995年、惜しまれつつ現役引退。引退セレモニーでの発言は有名ですよね。「普通の男の子に戻りたい」。

土屋 そんなキャンディーズみたいな引退の仕方、してないですよ?

塙 そして2002年、ジャイアンツの監督としてメガホンを取りました。

土屋 映画監督じゃねえんだよ!

塙 その後、原さんは監督として立派な成績をおさめました。通算12年で、5回リーグ優勝を逃し、9回日本一を逃しました。

土屋 なんで逃した回数、言っちゃうんだよ! 7回のリーグ優勝、3回の日本一、って言えよ!

塙 それから2009年のワールドベースボールクラシック(WBC)では監督として日本代表・サムライジャパンを世界一に導き、日本優勝にお金を賭けていた人に感動を与えました。

土屋 日本中に感動を与えたんだよ! 野球賭博してる奴限定にするな!

塙 原監督の特徴といえば、得点して戻ってきた選手を迎えるグーパンチですよね。

土屋 グータッチだろ! 両手で拳同士を合わせるやつ。なんで頑張った選手ぶん殴っちゃうんだよ。

塙　そんな監督が退任しちゃうのは本当に寂しいですよね。これからは、原辰徳監督じゃなくて、原元辰徳監督になっちゃうんですよね。

土屋　どこに〝元〟をつけてんだよ！

塙　12年間の監督生活お疲れ様でした、原元徳さん。

土屋　もう、名前変わっちゃったよ！

塙　というわけで以上、元ナイツの塙でした。

土屋　お前、いつナイツを退任したんだよ！　いい加減にしろ！　どうもありがとうございました。

2015
12.05

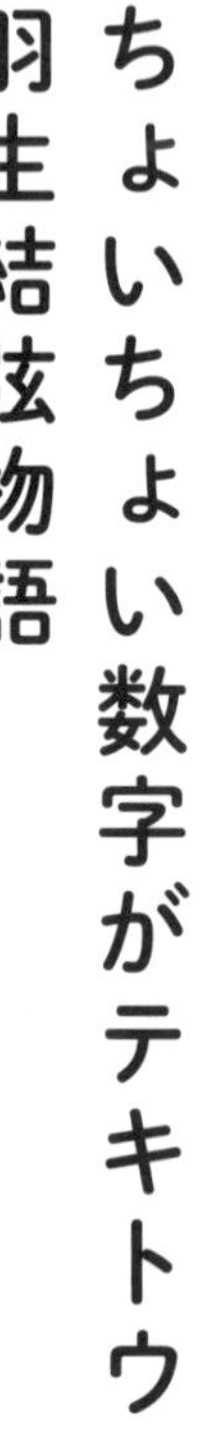

ちょいちょい数字がテキトウな羽生結弦物語

土屋 おはようございます。ナイツの土屋です。

塙 ナイツの塙です。**先日行われたフィギュアスケートのNHK杯[★1]で、羽生結弦選手が優勝しました。しかも史上最高得点をとったんですよね。**その得点が、これまでの記録を大幅に更新して、ショートプログラムとフリー合わせてなんと200〜300。

土屋 そこ、テキトウなのかよ！ 322・40っていう高得点だったんです。

塙 フリーの演技が完璧でしたね。4〜5回転ジャンプを3〜4回決めてましたもんね。

土屋 それも全部テキトウじゃやねぇか！ 本当に見てたんですか？

★1 羽生結弦、NHK杯を史上最高得点で優勝
11月28日、フィギュアスケートのグランプリ(GP)シリーズ最終戦、NHK杯の第2日目、長野市で男子フリープログラムが行われ、ショートプログラム(SP)で世界最高得点を出したことで首位に立った羽生結弦が216・07点をマーク、合計322・40点で優勝。フリーでの200点超え、総合得点の300点超えは世界初となる。

塙　とにかくすごかったですよ、羽生結弦選手。通称、「はにゅ」。
土屋　「ゆづ」ね！　略すところ、違いますから。
塙　そんな、はにゅはにゅのプロフィールを調べてきたので紹介します。
土屋　きゃりーぱみゅぱみゅみたいになっちゃったよ！
塙　羽生選手は、１９９４年生まれの現在20歳。４歳の時に、お姉ちゃんの影響でスケートを始めました。そこからめきめきと実力をつけていって、２０１０年、15歳の時、世界千原選手権で優勝しました。
土屋　おそらくジュニア選手権のことですかね⁉　千原ジュニアさん、関係ありませんから。
塙　これにはお姉ちゃんのせいじさんも喜んだでしょうね。
土屋　お姉ちゃんの名前、絶対せいじじゃないでしょ！　千原兄弟のことは忘れてください！
塙　そして記憶に新しいのが、２０１４〜５年、ソチで行われた五〜六輪での金メダルね。

土屋　2014年の五輪、な！　全然覚えてねぇじゃねえか！　何だよ、六輪って。大丈夫ですか？　ちょいちょい数字がテキトウなんですけど。

塙　次回、韓国で行われる七輪でも金メダルとってほしいですね。

土屋　だから、五輪だよ！　肉でも焼くのか！　韓国だけに！

塙　それから、去年上海で行われた大会では、本番直前の練習で中国の選手と衝突してケガをしちゃいました。あれは心配しましたよね。それでも頭に包帯巻いたまま出場して、執念の演技で、何回かくるくる回ってけっこういい点数とりました。

土屋　ざっくりしすぎだろ！　あんな状態で銀メダルとったんですよ。

塙　その演技の直後、病院でアゴを7針、頭を3針縫いました。

土屋　そこはめちゃくちゃ正確に覚えてるな！

塙　ということで、これからも羽生（はぶ）名人の応援をしていきたいと思います。

土屋　羽生（はにゅう）だよ！　漢字は一緒だけど！　いい加減にしろ！　どうもありがとうございました。

2015 12.19 クイズ形式で語る澤穂希選手引退

土屋 おはようございます。ナイツの土屋です。

塙 ナイツの塙です。**今週[★1]、女子サッカーの澤選手が引退を発表しました。**会見では言葉に詰まって、13秒間も沈黙が続きました。「私は、今シーズンをもって現役を引退することを決断しました……………」。

土屋 え？　まさか13秒の沈黙を再現する気ですか？　放送事故になるからやめて。

塙 まあ、引退は残念ですけど、でも、もし今後子供が生まれたら、将来期待しちゃいますよね。何といっても澤選手のDNAを受け継いでるわけですから。将来は絶対世界でトップを狙えるモデルになるでしょうね。

★1　澤穂希引退　12月16日、サッカー女子日本代表（なでしこジャパン）の中心選手として数々の活躍をした澤穂希選手が現役引退を決断したことを発表した。翌17日に記者会見を行い、「トップレベルで戦うのがだんだん難しくなったと感じた」などと引退理由を語った。

土屋　サッカー選手じゃねえのかよ！

塙　そこで今日は、澤選手のことをヤホーでググってきたので発表しますが、ちょっと趣向を変えて、クイズにして出題したいと思います。

土屋　それに僕が答えればいいんですね。たまにはそういうのもいいですね。

塙　第1問。まずはサービス問題です。澤選手の下の名前は、次のうちどれ？

土屋　これは簡単ですね。

塙　A：穂希、B：桂子、C：順子、D：ゆめ子、E：にゃん子、F：金魚……。

土屋　いつまで続くんだよ！　穂希に決まってんだろ！　他は全部、漫才協会の師匠じゃねえか。

塙　正解！　第2問。そんな、左腕穂希選手ですが……。

土屋　左投げのピッチャーみたいになっちゃったよ。澤穂希さんね。

塙　2012年、アジア人として初めて、サッカー選手にとって最も権威あるといわれる、ある賞を受賞しました。それはバロンドール、何？　A：

賞、Ｂ：シャア、Ｃ：シェー。

土屋　どこを3択にしてんだよ！　賞だろ、どう考えても。

塙　正解！　いよいよ最後の問題です。シャワー止まれ選手は……。

土屋　お風呂場で何があったんだよ！　いい加減、澤穂希ってちゃんと言いな。

塙　１９９９年、アメリカのプロリーグへと移籍しました。その当時、アメリカのファンから呼ばれていたニックネームは次のうち、どれ？　Ａ：クイック・サワ、Ｂ：ビューティー・サワ、Ｃ：プリティ・サワ。

土屋　なんとなくですけど、Ａじゃないですか。

塙　正解！　これはひっかけだったんですけどね。いかにもＢとかＣって言われそうじゃないですか。

土屋　何とも言えないよ。

塙　とにかく、全問正解おめでとうございます。賞品として、ナイツの漫才ＤＶＤ一式をプレゼントします。

土屋　全部持ってるよ！　いい加減にしろ。どうもありがとうございました。

ON AIR

2016

2016年　おもなできごと

1月
○SMAP解散問題が表面化
○甘利明経済再生相、現金授受疑惑で辞任
○ベッキー＆「ゲスの極み乙女。」川谷絵音、不倫騒動

2月
○清原和博、覚せい剤所持容疑で逮捕
○「保育園落ちた日本死ね!!!」と題したブログが話題に
○高梨沙羅、W杯ジャンプ女子で2季ぶり総合優勝

3月
○北海道新幹線が開業
○ショーンK、学歴詐称疑惑発覚
○乙武洋匡、5股不倫騒動

4月
○熊本県で震度6強の大地震
○三菱自動車、燃費試験データを不正改ざん
○高橋ジョージ＆三船美佳、離婚成立

5月
○オバマ米大統領、広島訪問
○G7（伊勢志摩サミット）開催
○春風亭昇太、『笑点』新司会者に

6月
○舛添要一東京都知事、政治資金問題で辞任
○イチロー、日米通算4257安打達成
○高知東生、覚せい剤と大麻所持容疑で逮捕

7月

○相模原の障害者施設で入所者19人殺害

○「ポケモンGO」、国内外で爆発的人気

○永六輔、死去

8月

○リオデジャネイロ・オリンピック開催

○天皇陛下、「生前退位」のお気持ち表明

○小池百合子、女性初の東京都知事に就任

9月

○豊洲市場「盛り土」問題が表面化

○広島カープ、25年ぶり7度目のリーグ優勝

○『こち亀』、単行本200巻で完結

10月

○大隅良典博士、ノーベル医学生理学賞受賞

○ボブ・ディラン、ノーベル文学賞受賞

○日本ハム、日本シリーズ10年ぶり優勝

11月

○ドナルド・トランプ、米大統領選で勝利

○日本・ロシア首脳会談、開催

○ASKA、覚せい剤使用容疑で逮捕

12月

○流行語大賞、「神ってる」に

○今年の漢字、「金」に

○新潟・糸魚川で大規模火災

2016 01.16

独特な略し方で語るSMAP解散報道

土屋　おはようございます。ナイツの土屋です。

塙　ナイツの塙です。解散報道で日本中に衝撃が走りましたね。実は僕、前からメンバー同士が不仲だっていう噂は聞いていたんですよ。どうなるか心配ですね、Wコロン。

土屋　**SMAP**[★1]だろ！　Wコロンはもう去年に解散しましたよ。ねづっちのコンビね。

塙　SMAPの解散については現在協議中だそうなのでまだ何とも言えませんが、今日はそんなSMAPについてお話させていただきます。メンバーは5人で、中居さんがリーダーとしてSMAPを日本一の旅館へと導

★1　SMAP解散騒動
1月13日、人気アイドルグループ「SMAP」が解散の危機にあることが、国内の複数のメディアによって報道された。スポーツ紙などによると、SMAPの育ての親ともいえる女性マネージャーが事務所から退社することに合わせて、木村拓哉以外のメンバーが退社を決意、事実上の解散に向かうことになったという。その後、12月26日放送のフジテレビ系『SMAP×SMAP最終回』を5人での最後の仕事として、12月31日付で解散した。

きました。

土屋 旅館の仲居さんじゃありませんよ！　中居正広っていう名前なんですよ。

塙 そして日本一カッコいい男といえば、キムタクことキム垣タク郎ね。

土屋 稲垣吾郎さんと混ざっちゃってますよ！　木村拓哉を略してキムタクですから。

塙 キムタクといえば『HERO』をはじめ、月9ドラマで大ヒットを連発してますよね。『ロングバケーション』略して『ローション』とか、『ラブジェネレーション』略して『ネション』とかね。

土屋 『ロンバケ』と『ラブジェネ』だろ！　略し方、独特だな。

塙 他にもSMAPは香取さん、草彅さん、木曽さんちゅうなど全員が大スターですから。

土屋 木曽さんちゅうは元Wコロンのツッコミだよ！

塙 SMAPがすごいのは、ドラマだけじゃなくコントまでやれちゃうんですよね。フジテレビで放送中の『SMAP×SMAP』、略して『ップップ』で……。

土屋　『スマスマ』だよ！　言いづらいだろ！　さっきから略し方、おかしいな。

塙　それからSMAPは大ヒット曲も数えきれないほどあります。中でも一番売れたのが『世界に一つだけの花』じゃないですか。歌詞が素晴らしいんですよね。特に、「ナンバーワンにならなくてもいい。漫才コンビはもともと特別なオンリーワン」っていう部分。

土屋　漫才コンビとは言ってないよ！　反『M-1』の曲じゃないですからね。

塙　まあ今後どういう形になるにせよ、国民全員がSMAPには『KANSHAして』ますから、『ありがとう』って言いたいですよね。メンバーも今は大変だろうけど、『俺たちに明日はある』って気持ちで『がんばりましょう』。

土屋　お！　SMAPの曲をうまいこと織り交ぜてきますね。

塙　『夜空ノムコウ』で『セロリ』でも食べれば『たぶんオーライ』じゃないですか。

土屋　後半全然ダメだな！　いい加減にしろ！　どうもありがとうございました。

往生際の悪い漫才

土屋　おはようございます。ナイツの土屋です。

塙　ナイツの塙です。いよいよ明日はバレンタインデーですね。女の子が好きな男の子に、チェコをあげる日ですよね。

土屋　チョコだよ！　国をあげるわけないだろ。

塙　あるいは……女の子が好きな男の子に、ちゃんこをあげる日ですよね。

土屋　だから、チョコだよ！　下駄箱に鍋入ってんの、見たことないだろ。

塙　最近は逆チョコなんてのもあるんでしょ？　上位の力士が下の力士にちゃんこを作る。

土屋　ちゃんこ忘れろ！　逆チョコってのは男の子から女の子にチョコをあげ

ることですよ。

塙　バレンタインなんてどうでもいい、世の中はいろいろなニュースが起きてるんですから。**アメリカのニューハンプシャー州で行われた大統領選の予備選挙で、共和党はあの不動産王のUNO氏が勝利しましたね。**[★1]

土屋　トランプ氏だろ！　同じカードゲームだけど。

塙　あるいは花札氏。

土屋　だから、トランプ氏だって。

塙　選挙でいうと、日本では、**スペードの今井絵理子さんが立候補を表明……。**[★2]

土屋　SPEED(スピード)ね！　トランプに引っ張られちゃったんでしょうね。

塙　あるいは、スピードスケートの今井絵理子さんが……。

土屋　今井絵理子さん、スピードスケートの選手じゃない！　っていうか、さっきから〝あるいは〟って何なんですか？

塙　いや、全部ボケが2つ浮かんじゃって、どっちにしようか決めきれてな

★1　ドナルド・トランプ、大統領選予備選挙で勝利
2月9日、アメリカ大統領選の両党候補を決める予備選第2弾となるニューハンプシャー州予備選が行われた。共和党は実業家のドナルド・トランプ、民主党はバーニー・サンダース上院議員が勝利した。

★2　今井絵理子、参院選に立候補
2月9日、歌手でダンスボーカルグループ「SPEED」元メンバーの今井絵理子が自民党本部で記者会見し、夏の参院選比例区に自民党公認で立候補することを表明した。会見では聴覚障害がある長男を育てるシングルマザーとして、「障害をもつ子供たちが明るい希望をもてる社会づくりをしたい」と語った。その後、7月10日に初当選。

いんですよ。

土屋　だからって、両方言うのやめて！　往生際悪いですよ。

塙　**不倫疑惑を報じられたイクメン議員こと宮崎謙介議員が辞職することを表明しました**[★3]、っていうフリのボケが20個浮かんだんですけど、順番に言っていきますね。

土屋　聞いてられないよ！　だから、浮かんだやつ全部言うの、やめてって！

塙　芸能界では、**二股騒動の渦中にある狩野英孝が、お相手との交際を認めましたね。**[★4]相手は、モデルの加藤茶りさんですか。

土屋　加藤紗里（さり）だよ！　ほとんど加藤茶さんになっちゃってるよ！

塙　で、完全にボツにしたほうのボケが、加藤使い紗里ー。

土屋　魔法使いサリーか！　いよいよボツネタまで言い始めたよ！　いい加減にしてくださいよ。

塙　もう大丈夫です。だってオチはまだ1ボケも浮かんでないんですから。

土屋　じゃあ終われないだろ！　どうもありがとうございました。

★3　宮崎謙介、不倫疑惑で議員辞職
　2月12日、妻の出産に伴い育休をとることを宣言し「イクメン議員」として話題を呼んだ自民党の宮崎謙介衆院議員が記者会見し、2月10日発売の「週刊文春」で報じられた女性グラビアタレントとの不倫疑惑を謝罪、議員辞職する意向を示した。

★4　狩野英孝、加藤紗里との交際認める
　2月9日、お笑い芸人の狩野英孝がテレビ朝日系『ロンドンハーツ』に緊急出演し、自身との交際を宣言している元レースクイーンでモデルの加藤紗里が現在の相手であることを認め、話題を呼んでいた歌手の川本真琴との二股疑惑を否定した。

2016
03.12

どうでもいい情報ばっかりのスポーツニュース

土屋　おはようございます。ナイツの土屋です。

塙　ナイツの塙です。**ハリウッドザコシショウ**[★1]**の『R-1ぐらんぷり』優勝**をはじめ、ここ最近、スポーツ界で大きなニュースが立て続いてますね。

土屋　さっそくスポーツ関係ないニュースだろ、それ！

塙　選手たちから「ノリさん」と呼ばれている、**なでしこジャパン**[★2]**の佐々木則夫監督がオリンピックの出場権獲得を逃した責任を取るとして、退任を表明しました。**

土屋　そうですね。あ、「ノリさん」て呼ばれてんだ。

塙　それと、**抹茶**[★3]**アイスが好きなマリア・シャラポワ選手が記者会見を開い**

★1　ハリウッドザコシショウ、R-1ぐらんぷり優勝
3月6日、〝ひとり芸日本一〟を決める『R-1ぐらんぷり2016』決勝戦がフジテレビで行われ、3786人という過去最多のエントリーのなか、芸歴24年目のお笑い芸人、ハリウッドザコシショウが初優勝した。

★2　なでしこジャパン・佐々木則夫監督退任
3月10日、サッカー女子日本代表「なでしこジャパン」の佐々木則夫監督が、2016年リオデジャネイロ五輪最終予選で出場権を逃した責任を取り、退任を表明した。佐々木監督は2011年女子W杯ドイツ大会優勝、2012年ロンドン五輪銀メダル獲得など、日本の女子サッカー界に大きな功績を残してきた。

て、1月の全豪オープンのドーピング検査で陽性反応が出たことを告白しました。

土屋　それもそうですけど、最初に変な情報はさむの、やめてくださいよ。肝心のニュース内容が頭に入ってこないんで。

塙　それから、卓球の世界選手権が行われましたが、**注目の女子団体は決勝[★4]で中国に敗れて準優勝となってしまいました。**

土屋　惜しかったですねぇ。まぁ、銀メダルもすごい結果なんですけどね。

塙　そしてルーマニアは惜しくも1次リーグ敗退となりました。悔しかったですねぇ。

土屋　ルーマニアはマジでどうでもいいわ！

塙　ルーマニアは人口約2000万人で、首都はブカレストなんですね。

土屋　だから、ルーマニアの話はもういいって！

塙　そんなことより一番驚いたのが、巨人のニュースでしょう。**野球賭博[★5]に関与してたことが発覚した巨人の高木京介選手が、AKB48の中で柏木**

★3　シャラボワ、ドーピングで陽性反応
3月7日、テニスの女子シングルス元世界ランキング1位のマリア・シャラポワ選手が、1月の全豪オープンのドーピング検査で陽性になったことを記者会見で明らかにし、正式処分が決まるまでの暫定的な出場停止となった。

★4　世界卓球、女子団体に銀メダル
3月6日、マレーシア・クアラルンプールで開催された世界卓球選手権の女子決勝トーナメントにて、ドイツ（準々決勝）、北朝鮮（準決勝）と勝ち進んできた女子日本代表（福原愛、石川佳純、伊藤美誠、若宮三紗子、浜本由惟）は決勝戦で中国に敗れ、2大会連続となる銀メダルを獲得した。

由紀ちゃんが推しメンであることが発覚しました。

土屋　もはやどうでもいい情報のほうがメインになっちゃってんじゃねえか！

塙　そんな暗いニュースの一方で、ちゃんと明るい話題もありました。バレーボールの話題なんですが、学生時代バレーボール部に所属していた一般女性が結婚しましたね。

土屋　誰なんだよ！

塙　お相手は中学校の同級生で、プロゴルファーでもある石川遼さんだそうです。

土屋　逆だよ！　どう考えても[★6]**石川遼選手が結婚したっていうニュース**だろ！

塙　最後にひとつ、言っておかなきゃいけないことがあるんですけど、今日の漫才書くのにかかった時間、45分でした。

土屋　これまでで一番どうでもいい情報だわ！　いい加減にしろ。どうもありがとうございました。

★5　巨人・高木京介、野球賭博に関与
3月8日、読売ジャイアンツは高木京介投手が野球賭博に関与していたと発表した。高木は2014年春、8～9試合で現金を賭けていたといい、翌9日の記者会見で事実を認めて謝罪、1年間の失格と球団に対する制裁金500万円の処分を受けることになった。

★6　石川遼、結婚
3月3日、プロゴルファーの石川遼が、かねてから交際していた中学時代の同級生の一般女性と結婚したことを、自身の公式サイトで明らかにした。すでに2011年に交際している事実は公表し、2012年には婚約も発表していた。

高橋ジョージ・三船美佳夫妻の離婚には触れません

土屋　おはようございます。ナイツの土屋です。

塙　ナイツの塙です。**高橋ジョージさんと三船美佳さんの離婚が成立しましたね。**[★1]でも、この話題は一切触れません。人の離婚で笑いをとるほど、僕は落ちてませんよ。

土屋　今さらどうしたんですか。離婚ネタなんて、これまでさんざんボケてきたはずだけど。

塙　**3月いっぱいで古舘伊知郎さんが「報道ステーション」を卒業しました。**[★2]

土屋　あ、ホントに離婚ネタいじらないんですね。

塙　残念ですけど、番組がどう変わるかも楽しみですね。新しいメインキャ

★1　高橋ジョージ・三船美佳、離婚
3月29日、タレントの三船美佳と歌手の高橋ジョージとの離婚が、係争期間を終えて成立した。三船は2013年12月末から別居状態にあることを明かしており、2014年5月から離婚調停に突入するも決裂、高橋との離婚と子供の親権を求める離婚訴訟を起こしていた。

★2　古舘伊知郎、『報道ステーション』降板
3月31日、フリーアナウンサーの古舘伊知郎が、12年にわたってMCを務めてきたテレビ朝日系の報道番組『報道ステーション』を、この日の出演をもって降板した。古舘は2004年4月の番組開始以来、放送回数のべ2960回を数える出演をこなしてきた。

スターの新舘伊知郎さんがどんな活躍をするのか……。

土屋 誰だよ、それ！　名前が〝古い〟から〝新しい〟になってますけど！　そんな人、いませんから。

塙 古舘さんが番組を卒業したわけですけど、卒業といえば今週、高橋ジョージさんと三船美佳さんが夫婦関係を卒業しました。

土屋 戻ってきちゃったよ！　その話題はネタにしないんでしょ？

塙 あ、そうでした。他にも卒業した人がいますよね。**高橋みなみちゃんがAKB48を卒業しました。**[★3] 卒業コンサートでは、高橋みなみちゃんと同じく初期メンバーで、元AKB48のつっちゃんが駆けつけました。

土屋 あっちゃんだろ！　前田敦子の「つ」のほうで呼んでる奴、初めて見たよ。

塙 お疲れ様でした、高橋みなみちゃん。高橋といえば、高橋ジョージさんが三船美佳さんと離婚しましたね。

土屋 だから、ボケないんだったら、無理やりつなげて戻すのやめろって！

★3　高橋みなみ、AKB48卒業
4月8日、アイドルグループ「AKB48」の初代総監督を務めてきた歌手の高橋みなみが、秋葉原のAKB劇場における自身の卒業公演「高橋みなみ卒業特別記念公演～10年の軌跡～」を行い、同グループを卒業した。

塙　あ、もう1人、卒業した人がいました。**石坂浩二さんが『開運！なんでも鑑定団』を卒業しました。**[★4]石坂浩二さんは、ここ2年以上前から番組内でのセリフがほぼカットされていたことが問題になりましたね。その原因じゃないかといわれてるのが、酒の席でのプロデューサーとのトラブリューだそうなんですが……。

土屋　虎舞竜(トラブリュー)って言っちゃってるよ！

塙　虎舞竜といえば、高橋ジョージさんですよね。

土屋　そうだろうな！　塙さんが勝手に言ったんですからね、虎舞竜は！

塙　そんな高橋ジョージさんとの離婚が成立したことを、三船美佳さんが会見で発表しましたが、会見で発表といえば、**藤原紀香さんと片岡愛之助さんが結婚会見を開きました。**[★5]会見では仲良さそうでしたね。「最高に幸せです」なんてのろけてました。何でもないようなことが幸せだと思う時期なんでしょうね。

土屋　「ロード」の歌詞じゃねぇか！　もうジョージさんのこと、いじってま

★4　石坂浩二、『開運！なんでも鑑定団』降板
　3月29日、俳優の石坂浩二がレギュラー出演してきたテレビ東京の鑑定バラエティ番組『開運！なんでも鑑定団』の司会を、当日の放送回をもって降板した。一部では2年以上前から番組中の石坂のトークが不自然にカットされるなどの報道も流れていた。

★5　藤原紀香・片岡愛之助、結婚
　3月30日、女優の藤原紀香と歌舞伎俳優の片岡愛之助が、所属事務所を通して結婚を発表、翌31日に東京の帝国ホテルにて結婚報告会見を行った。藤原と片岡は2015年5月からお互いのブログで交際を認めていた。

すよ?

塙　高橋ジョージさんには新たなロード〝第2章〟を歩んでほしいですね。三船美佳さんも大変でしたね。離婚とか熱愛報道とか、なんだ〝神田〟あって……。

土屋　いじり出したら止まんないな！　もういいよ！　どうもありがとうございました。

漢字が全然読めなくなる漫才

土屋　おはようございます。ナイツの土屋です。

塙　ナイツの塙です。僕、最近、ある読み物を毎日読んでるんですけど、そこには世の中の出来事がめちゃくちゃ詳しく書いてあるんですよ。〝あらもん〟って知ってます？

土屋　その流れだと誰もが知ってる物の名前が出てくるパターンなんですけど、今回のは本当に知りませんね。あらもん？　何ですか、それ。

塙　知りません？　新しく聞く、と書いて、「あらもん」。

土屋　新聞(しんぶん)って読むんだよ！　で、どんな記事を読んだんですか？

塙　野球界の嬉しい記事がありました。**メジャー初登板で初勝利とホームラ**[★1]

★1　前田健太、劇的なメジャーデビュー
4月7日、広島東洋カープからロサンゼルス・ドジャースに移籍した前田健太投手がサンディエゴ・パドレスとの試合に先発として登板し、6回を5安打無失点に抑えた。4回表には先頭打者としてホームランも放ち、華々しいメジャーデビューを飾った。

土屋　ンを打ったマエケンこと、前田健太選手が……。

塙　健太ね！　たしかに健太の〝健〟は「すこ（やか）」とも読みますけど。

土屋　この勝利には、広島カープのファンも喜んでるでしょうね。

塙　カープだよ！　カタカナの〝カ〟を「ちから」って読むな！

土屋　それから卓球界では、熱愛報道がありましたね。

塙　熱愛ね！

土屋　★2卓球の福原……愛選手。

塙　それも愛ね！　また同じ過ちを犯してますよ。

土屋　お相手は同じく卓球の選手で台湾の江宏傑選手。

塙　それはよく読めたな！

土屋　★3NHKでは朝ドラの『ちょうが来た』が高視聴率で最終回を迎えました。

塙　朝ドラの『あさが来た』だよ！　しかも『あさが来た』の「あさ」はひらがなだしね！

土屋　★4そして次の朝ドラ『とと姉ちゃん』がスタートしましたが、その主題歌

★2　福原愛、熱愛
4月7日、同日発売の「週刊文春」にて、卓球日本代表の福原愛と卓球台湾代表の江宏傑の真剣交際が報じられた。福原は自身のブログでも交際を認めており、その後正式に入籍。結婚を発表した。

★3　朝ドラ『あさが来た』終了
4月2日、NHK朝の連続テレビ小説『あさが来た』が最終回を迎えた。放送期間の平均視聴率が関東地区で23・5％で、2002年の『さくら』の23・3％を超え、連続テレビ小説としてはその時点で21世紀最高の視聴率を記録した。

★4　朝ドラ『とと姉ちゃん』スタート
4月4日、NHK朝の連続テレビ小説『とと姉ちゃ

を歌ってるのが、5年ぶりに活動を再開した、宇タタ田（たた）ヒカルさんね。

土屋 宇多田だろ！ 漢字の〝多〟っていう字を、カタカナの〝タ〟2つにして読むな！

塙 それから残念だったのが、**全米オープン★5の決勝でジョコビッチ選手に負けちゃった、にしきおり……じゃなくて、にしこり。**

土屋 そうそう、よかった。そっちで合ってますよ！

塙 錦織土土（つちつち）選手ね。

土屋 圭（けい）だよ！ 〝圭〟を「つちつち」って読むな！ だから、漢字を勝手に分解しないで。

塙 やっぱり、「〒ニス（ゆうびん）」って難しいスポーツですよね。

土屋 カタカナの〝テ〟を、郵便マークの〝〒〟だと思っちゃったんですか？ 嘘でしょ？ 塙さん、ちょっと今日は、漢字の読みの調子が酷いですね。

塙 ダメだ。今日はもう全部、代わりに台本読んでもらおうかな。プラスマイナス屋君に。

ん』の放送がスタートした。生活総合雑誌「暮らしの手帖」の創業者・大橋鎮子の生涯をモデルに、戦前～戦後の時代をたくましく生きる三姉妹の姿を描き、初回から高視聴率を記録した。

★5 錦織圭、マスターズ初制覇ならず
4月3日、テニスのマイアミ・オープンで、男子シングルス決勝戦が行われた。第6シードの錦織圭は、第1シードのノバク・ジョコビッチと対戦し、3-6、3-6のストレートで敗れ、マスターズ初制覇に至らない結果となった。

土屋　〝土〟を「＋−（プラスマイナス）」って読むな！　もういいよ。どうもありがとうございました。

ベッキーをベキペディアでゲスってきました

土屋 おはようございます。ナイツの土屋です。

塙 ベッキーです。ところでみなさん昨日、見ました？　思ったより早い復帰でしたけど……。

土屋 ちょっと待ってください！　その話をしたい気持ちが前に出すぎちゃってますよ！　自己紹介からやり直してください。

塙 あ、すみません。おはようございます。ナイツの塙です。みなさん見ました？　昨日13日、『金曜日のスマイルたちへ』でジェイソンが復活しましたね。

土屋 ベッキーでしょ!?　確かにジェイソンもよく、13日の金曜日に復活する

塙　けど！　**「ゲスの極み乙女。」[★1]の川谷絵音さんとの不倫疑惑が報じられて、活動を休止していたベッキーさんが昨日、「金スマ」で復帰しました。**

あの騒動で「ベッキー＝不倫」っていうイメージが付いちゃいましたけど、タレントとしての功績もすごいですからね。いったん、不倫は置いときましょうよ。今日はそんなベッキーのプロフィールを紹介しようと思って、インターネットのベキペディアでゲスってきました。

土屋　だったら、「ゲスってきた」って言うな！

塙　所属事務所はサンミュージックで、芸人ではドーピング竹山さんと一緒ですね。

土屋　カンニングだろ！　罪が重くなってるよ！

塙　2000年にテレビ東京の『おはスタ』で、ウホガールとしてデビューしました。

土屋　おはガールだよ！　そんなゴリラ感はないですから。

塙　その明るいキャラがウケて番組出演が増えていき、以降、特定のレギュ

2016

★1　ベッキー、復帰
5月13日、ロックバンド「ゲスの極み乙女。」の川谷絵音との不倫疑惑が元で活動自粛していたタレントのベッキーが、TBS系『中居正広の金曜日のスマイルたちへ』で約4カ月ぶりにテレビ出演、川谷の元夫人に謝罪をし、受け入れてもらった旨などを話した。その後、7月から本格的にレギュラー復帰し、2019年1月には元プロ野球選手の片岡治大と結婚した。

ラー番組があるにもかかわらず、他の番組とも関わりを持ったりしました。

土屋 不倫みたいな言い方するな！　ただ、たくさん番組に出たってだけだろ！

塙 ＴＢＳの『モニタリング』では、人気企画「原西ゴリラ」で、リアルなゴリラの着ぐるみを着て人を驚かせてましたね。

土屋 あれ、ＦＵＪＩＷＡＲＡの原西さんだよ！　ベッキーとゴリラを結び付けようとしないで。

塙 それから、日テレの人気番組『長崎の果てまでイッテＱ』にも出てました。

土屋 世界だよ！　長崎に行ったせいでこんな大変な事態になっちゃったんだから！

塙 まあ、でもこれから、いろいろな番組に復帰していくのなら応援していきたいですよね。一緒に仕事した仲間ですから。僕なんて、ユニット組んでＣＤ出したりね。

土屋 そんなこと、してましたっけ？

塙 あ、ごめんなさい。ベッキーとタッキー、間違えてた。

土屋 タッキー&翼のタッキーと？　となると塙さん、自分と翼君を間違えてることにもなっちゃいますよ？

塙 ということで、これから共演することがあったらよろしくね、ロッキー。

土屋 ベッキーだろ！　もういいよ！　どうもありがとうございました。

やっと生まれました！

土屋　おはようございます。ナイツの土屋です。

塙　ナイツの塙です。本来こんなこと漫才中に言うことじゃないのかもしれないんですけど、報告させてもらっていいですか？　やっと生まれました。

土屋　いいじゃないですか。おめでたい話ですから。ヤフーニュースにも載ってましたね。

塙　ヤホーニュースね。

土屋　ヤフーニュースで合ってんだよ！

塙　今回けっこうすんなり生まれまして、父子ともに健康でした。

土屋　母子じゃねぇのかよ！　そりゃ塙さんは無事に決まってんだろ！
塙　重さは3グラムでした。
土屋　そんなわけねぇだろ！
塙　やっぱり、漫才の新しいスタイルが生まれた瞬間ってのは嬉しいもんですね。
土屋　あ、漫才の新スタイルが生まれた話？
塙　そうですよ。何か勘違いしてません？
土屋　ずっと赤ちゃんの話かと思っちゃってた。
塙　**確かに子供も生まれましたけど、**[★1]今は漫才の新ネタの話ですよ。
土屋　じゃあ、重さ3グラムって何のことなんだよ。
塙　新ネタの原稿用紙の重さですよ。
土屋　できあがったネタの量を原稿用紙の重さで言わないでしょ？　普通。まあいいや。じゃあ、その新しい漫才、さっそく始めましょうよ。
塙　**『笑点』[★2]の新司会者が発表されました**が予想外でしたよね、シャンプー

★1　ナイツ塙、第2子女児誕生
5月21日、TBSラジオ『土曜ワイドラジオTOKYO ナイツのちゃきちゃき大放送』放送中の番組エンディングで、パーソナリティのお笑いコンビ「ナイツ」の塙宣之に第2子が生まれたことが発表された。本人曰く「48センチの女の子」とのこと。

★2　『笑点』新司会者に春風亭昇太
5月22日、日本テレビ『笑点　歌丸ラスト大喜利スペシャル』にて、同番組の6代目の新司会者を春風亭昇太が務めることが明らかにされた。5代目司会者の桂歌丸は「今日までのことはすっかり忘れて、昇太さんなりの『笑点』の司会をやってもらいたいと思います」とエールを送った。

亭昇太師匠とは。

土屋 春風亭だろ！　何だシャンプー亭って！　落語しながら頭洗うのか！　座布団びしょ濡れだろ！「山田君、私に座布団持ってきて」ってなるわ！　その後、リンスはするのかな？　……あの、塙さん、一応台本通りやってるんですけど、ちょっとツッコミ、長すぎない？

塙 いや、新しいスタイルですから。あと、世界的な話題といえば何といっても、伊勢志摩ジャビットですよね。

土屋 **サミットだよ！**[★3]　巨人軍のマスコットキャラになっちゃいますから！　各国の首脳集めて日本の野球の話でもするのか！　となるとG7の〝G〟はジャイアンツの〝G〟か！　だとしたら〝7〟は何でしょうね！　……塙さん、さすがに毎回この長さは耐えられないですって！　塙さん？　聞いてます？　塙さん？　何やってるんですか？

塙 ……あ、ごめんなさい。子供の写真見てました。

土屋 俺がつっこんでる間に赤ちゃんの写真見るな！　そのためにツッコミ長

★3　G7サミット開催　5月26～27日、三重県志摩市阿児町神明賢島にて第42回先進国首脳会議（G7サミット）が開催された。G7のリーダーである各国の首脳や欧州連合の代表者が出席し、北朝鮮核問題や感染症対策を主要議題として議論が交わされた。

くしたのかよ。ちゃんとやってくださいよ。

塙 いや、実はね、もうひとつ斬新な漫才のスタイル、思いついちゃったんですよ。

土屋 あ、ちゃんとしたやつ、あるんですね？　やりましょうよ。どういう漫才なんですか？

塙 僕が漫才の途中で、家に帰っちゃうっていう漫才。

土屋 絶対子供に会いに行くだろ！　もういいよ！　どうもありがとうございました。

大西卓哉さんへの激励を込めた宇宙漫才

土屋 おはようございます。ナイツの土屋です。

塙 ナイツの塙です。今週、7月7日、七夕の日に大きなニュースがありましたね。また1人、日本人の宇宙飛行士が誕生しました。う〜ん……どうなんでしょうね。

土屋 あれ？　どうしたんですか？

塙 いや、僕、あんまり宇宙飛行士の存在とか信じないタイプじゃないですか。

土屋 存在するよ！　塙さんの中で宇宙飛行士って、宇宙人とかと同じカテゴリーなの？

塙　僕、科学的に証明できるものしか信じないんで。

土屋　宇宙飛行なんて、科学技術の集大成ですからね！

塙　**今週[★1]、宇宙飛行士の大西卓哉さんを乗せた宇宙船ソユーズが打ち上げに成功して、日本人で11人目となる宇宙飛行士の誕生となりました。**この大西さん、子供の頃に映画『スター・ウォーズ』を見て宇宙に憧れを抱いたそうなんです。大学卒業後、一度は全日空のパイロットとして働くことになるんですが、やはり夢をあきらめられず、その後、見事宇宙飛行士になりました。いってみれば、暗黒面からの帰還ですね。

土屋　全然違うよ！　パイロットをダークサイド扱いするな！

塙　そういう僕も、小さい頃は宇宙飛行士に憧れてたんですよ。

土屋　あ、そうだったんですね。

塙　歴史上には偉大な宇宙飛行士がたくさんいますからね。一番尊敬してるのが、人類で初めて月面着陸したアメリカのアームストロング船長。彼の名言は有名ですよね。「この一歩は、オイラにとっては小さな一歩だ

★1　**大西卓哉、ソユーズ宇宙船でISSへ**
7月6日、国際宇宙ステーション（ISS）に長期滞在する日本人宇宙飛行士の大西卓哉ら3人が搭乗するロシアのソユーズ宇宙船が、カザフスタン共和国のバイコヌール宇宙基地から打ち上げられた。大西飛行士は10月30日に地球に帰還するまで、115日間の宇宙滞在となった。

が、人類にとっては大きな飛躍だ」。

土屋 そうなんだけど、〝オイラ〟って訳さないでくれる？　たけしさん思い浮かんじゃうから。

塙 それから、女性初の宇宙飛行士、ロシアのテレシコワの名言も有名ですよね。「あたすはカモメ」。

土屋 〝わたし〟でいいだろ！　今度は志村けんさんみたいになっちゃったよ！

塙 でも、何といっても最も偉大なのは、人類初の宇宙飛行士・ガガーリンですよね。ガガーリンが言った名言も面白いですよね。

土屋 もう、面白いって言っちゃってますよ？

塙 「地球は青かった。……アイーン」。

土屋 無理やり足してんじゃねえか！　せめて言い間違えてくれ！

塙 これまで、宇宙飛行士の話をしてきましたけど、実は日本のある子供番組の人気キャラクターも宇宙飛行していたの、知ってます？

土屋 そうなんですよね。知ってますよ。

塙　ガチャーピン。

土屋　ガガーリンの発音で言うな！

塙　ということで、宇宙飛行士の大西さんへの激励を込めた宇宙漫才でした。あ、大西さん、もし今宇宙で生放送聴いてたら、番組にメールください。

土屋　聴いてるわけないだろ！　もういいよ！　どうもありがとうございました。

永六輔さんはどれだけすごい人だったのか

土屋　おはようございます。ナイツの土屋です。

塙　ナイツの塙です。今週、悲しいお知らせがありましたね。**永六輔さんが**[★1]**お亡くなりになりました。**ということで、永六輔さんがどれだけすごい人だったのか、プロフィールをインターネットのヤフーで調べてきました。

土屋　あ、今日は真面目にヤフーなんだね。

塙　夜中に家のパソコソでね。

土屋　そっちでふざけちゃったよ！　パソコンね。コソコソ調べたのかな。

塙　永六輔さんはもともと放送作家として活動し、数々のヒット番組を手が

★1　永六輔、死去
7月7日、放送作家の草分け的存在であるタレント・作家の永六輔が肺炎のため死去した。享年83。NHK『夢であいましょう』の脚本、大ヒット曲「上を向いて歩こう」の作詞、ベストセラー『大往生』の執筆などその活躍は多岐にわたった。ラジオパーソナリティとしてはTBSラジオ『土曜ワイドラジオTOKYO 永六輔その新世界』『永六輔の誰かとどこかで』など、晩年に至るまで活躍を続け、多くのファンの信頼を集めていた。

け、テレビ業界の草創期を支えてきました。その後は、自身も番組に出演し、人気を集めました。いってみれば、昭和芸能界は永六輔さんと共に歩んできたんですよ。

土屋 そうかもしれませんね。

塙 芸能界もその長い歴史の中でいろいろな出来事がありましたからね。ベッキー不倫、ショーンK経歴詐称、高知東生逮捕……。

土屋 全部、今年（2016年）の話じゃねぇか！

塙 それから、永六輔さんは作詞家としても多くのヒット曲を世に送り出してきました。代表曲は、坂本九さんの「上を向いて歩こう」ですよね。永さんのニュースで毎日耳にします。「♪う〜え〜を」。いや〜、改めて素晴らしい曲ですよね。

土屋 短いな！　せめて、「向いて歩こう」まで歌いません？

塙 他にも、梓みちよさんの「こんにちは赤ちゃん」の作詞も手掛けました。あの曲のサビも知らない人、いないですよね。「♪あっかちゃん」ね。

2016

土屋　また短いし、途中だし！「こんにちは」から、ちゃんと歌って！

塙　そんな永さんですが、次第に活動の場をラジオ主体にしていきます。『全国こども電話相談室』では40年間回答者を務めました。その時、永さんが残した数々の名回答が今、話題になってるんです。例えばね、「（かわいい声で）天国に行ったらどうなるの？」っていう質問に対して、「今生きているこの世を天国にしましょう」って答えたり、「（かわいい声で）告白する言葉を教えて？」っていう質問に対しては、「言葉は大切。でも、同じ感動を同じ時点で一緒に受け止めるのが一番効果があります」って答えたんだそうです。

土屋　かわいい声やめろ！　名回答が全然頭に入ってこないから！

塙　そして何といっても、この番組『ナイツのちゃきちゃき大放送』が始まる前に、この枠で放送していたのが、『土曜ワイドラジオTOKYO永六輔その新世界』です。とにかく、僕らにできることは、永さんから引き継いだこの枠をできるだけ長く続けていくことじゃないですか。

土屋　良いこと言いますね。その通りだと思いますよ。

塙　いつもはこの番組、午後1時までの放送なんですけど、1時20分くらいまで続けちゃいましょうか？

土屋　長く続けるってそういう意味じゃねぇだろ！　いい加減にしろ！　どうもありがとうございました。

リオオリンピックのどこ見てんだよ？

土屋 おはようございます。ナイツの土屋です。

塙 ナイツの塙です。今週も相変わらず盛り上がってますね、オリオオリオリンピック。

土屋 **リオオリンピックだろ！**[★1]「WON'T BE LONG」の歌詞みたいになってますよ！

塙 毎日オリンピック見てますけど、真剣に見てると、興奮してテレビに向かってついつい声出しちゃうんですよね。「おめでとう！」とか「残念だなぁ」とか「あ〜、あと数センチ届かない！」とかね。

土屋 確かにね。わかりますよ。

★1　リオオリンピック開催　8月5日〜21日、ブラジルのリオデジャネイロにて、第31回オリンピック大会が開催され、206の国・地域から約1万1000人が参加、17日間で28競技・306種目が行われた。南アメリカ大陸でオリンピックが開催されるのは、本大会が初めてとなった。

塙　いちばん感動した競技は、**女子3メートル板飛び込みですよね。**★2 銀メダルをとった中国の何姿（かし）選手に、チームメイトの男子選手が公開プロポーズして、結婚することになりました。

土屋　それに対してのおめでとうだったのかよ！　良いシーンではありましたけどね。

塙　それから、水球ですよ。**競技で使うプールの水が緑色に変色してきたことが問題になりました。**★3 結局清掃が間に合わず、会場を変更することになったそうです。ああいうの見ると、「残念だなぁ」って思っちゃいますよね。

土屋　だから、何を残念がってんだよ！　ニュースになってましたけどね。

塙　そしてビックリしたのが、選手村のトイレの便座からトイレットペーパーまでの距離が遠いってことですよね。「あ〜、あと数センチ届かない！」。

土屋　何で知ったんだよ、そんな情報！　塙さん、オリンピックのどこ見てるんですか！　オリンピック、ちゃんと見てます？

2016

★2　女子3メートル板飛び込み、何姿選手準優勝
8月14日、リオ五輪・女子3メートル板飛び込みの決勝で、中国の何姿選手が合計387・90点で準優勝、2大会連続の銀メダルを獲得した。表彰式後にチームメイトの秦凱から公開プロポーズを受けたことも話題を呼んだ。

★3　水球競技用プールが緑色に変色
8月9日、リオ五輪で飛び込み競技が行われる予定のマリア・レンク水泳センターのプールの水が緑色に変色していたことがわかり、インターネットなどで話題になった。数日後、誤って水に160リットルもの過酸化水素を加えてしまったことが原因だと伝えられた。

塙　見てますよ！　真面目な話しちゃいますけど、今回オリンピックでメダルをとった日本人選手を見てて、僕は諦めない心を学びました。

土屋　あ、そうなんだ。そういう話を聞かせてくださいよ。

塙　**男子卓球の水谷選手ね。**[★4] 点を取るごとにするガッツポーズに対して張本勲さんが喝を入れました。あれだけ批判されたのに、水谷選手は最後、大逆転勝ちしたとき、やっぱり諦めずにちゃんとガッツポーズしたんですよ！　素晴らしい。

土屋　どこ褒めてんだよ！　その前に、諦めずに大逆転したことを褒めてあげなさいよ！

塙　オリンピックも残すところあとわずかですが、**最終日は男子マラソンです。**[★5] 注目は、カンボジア代表として出場する猫ひろしじゃないですか。

土屋　そうですね。まさか芸人がオリンピックに出るなんて、信じられないですよね。

塙　仲間として、とにかく心配ですよ。

★4　卓球男子・水谷隼、銅メダルに
8月11日、リオ五輪・卓球男子シングルスで水谷隼選手がベラルーシのウラジーミル・サムソノフ選手を破り、銅メダルを獲得した。卓球で日本男子、個人種目のメダル獲得は初めてとなった。

★5　男子マラソン、猫ひろし完走
8月21日、リオ五輪・男子マラソンにお笑い芸人の猫ひろしがカンボジア代表として初出場し、完走を果たした。タイムは2時間45分55秒で、140人中の139位だった。

土屋　楽しみですけどね。

塙　壊れて閉まらなくなってた大便用のトイレの鍵、直ったのかな。

土屋　何の心配だよ！　というか、さっきからどうでもいい情報ばっかりだな。もっとメインの話をしてほしいんですよ！　今週はすごい記録がたくさん生まれたんだから！

塙　**ボルト！**[★6]　**伊調！**[★7]　3〜4連覇おめでとう！

土屋　テキトウにまとめるな！　もういいよ！　どうもありがとうございました。

★6　陸上男子・ボルト、金メダル3連覇
8月14日、リオ五輪・陸上男子100メートル決勝戦が行われ、世界記録保持者のウサイン・ボルト選手が金メダルを獲得した。2008年北京、2012年ロンドンに続く、史上初の3連覇となった。

★7　レスリング女子・伊調馨、金メダルに
8月17日、リオ五輪・レスリング女子58kg級決勝にて、伊調馨選手がロシアのワレリア・コブロワ選手に3―2で終了間際に逆転勝ちで優勝、2004年アテネ、2008年北京、2012年ロンドンに続く、4連覇を達成した。

2016

2016
10.01

相撲用語だらけで豪栄道初優勝を讃える

土屋 おはようございます。ナイツの土屋です。

塙 ナイツの塙です。**大相撲秋場所で大関・豪栄道が琴奨菊を寄り切りで破り、初めての優勝を全勝で飾りました。**[★1] 史上初のカド番からの全勝優勝で、さらに日本出身力士の全勝優勝は20年ぶり……貴乃花以来となります。綱取りとなる九州場所が期待されていますね。ただ、来場所はさらに厳しい戦いになるでしょうね。なぜなら、今場所休場していたモンゴル出身、縦綱(たてづな)の黒鵬(こくほう)がいますから。

土屋 横綱(よこづな)の白鵬(はくほう)だよ！

塙 あ〜、しまった！　ごめんなさい。バ〜っと一気にしゃべっちゃったけ

★1　大相撲秋場所、豪栄道初優勝
　9月25日、大相撲秋場所15日目が両国国技館で行われ、大関・豪栄道が琴奨菊を寄り切りで下して15戦全勝とし、初優勝を果たした。全勝での初優勝は、1994年名古屋の武蔵丸以来22年ぶりで、日本出身力士の全勝優勝は、1996年秋の貴乃花以来20年ぶりとなる。

ど、相撲に詳しくない人にとっては、何言ってるか全然意味わからないですよね。

土屋　ああ、確かに、相撲って専門用語多いですからね。

塙　これからちゃんと説明していきますね。〝カド番〟って言いましたけど、カド番っていうのはですね、大関って二場所連続で負け越すと大関の地位から落とされちゃうんですけど、前の場所で負け越してしまった転落瀬戸際の状態のことを〝壁ドン〟っていうんです。

土屋　壁ドンになっちゃったよ！　カド番でしょ！

塙　あと、〝寄り切りで破った〟って言いましたけど、寄り切りっていうのは相撲の中で最も多い決まり手なんですね。相手にくっついて何かつかんで丸の外に出すやつ。

土屋　後半、テキトウになっちゃったな！

塙　それと、〝綱取り〟って言いましたけど、後でヤホーで調べてみてください。

土屋　ヤフーね！　完全に面倒臭くなってんじゃねえかよ！　説明するならちゃんとして！

塙　あとさっき、〝日本人出身力士で全勝優勝は貴乃花以来〟って言いましたけど、貴乃花って誰？　って思う人がいるかもしれないので。貴乃花っていうのは……。

土屋　あ、貴乃花まで説明するんだ。それはさすがに知らない人、いないんじゃないですか？

塙　貴乃花っていうのは、若乃花の弟です。今、〝若乃花〟って言いましたけど、若乃花って誰？　って人がいるかもしれないので……。

土屋　そうなっちゃうでしょ！　きりがないよ！

塙　若乃花っていうのは、勝（まさる）氏のことです。

土屋　全然説明になってないよ！

塙　それから、僕が〝縦綱の黒鵬〟って言いましたけど、これは、横を縦、白を黒って逆に言っちゃうところが面白いギャグなんですね。

土屋　嘘でしょ？　ボケの説明までするの？

塙　だって、あんまり笑えなかったっていう人がいるかもしれないから、ちゃんとどう面白いのか説明してあげようと思って。

土屋　だとしたらスベってんだから、もう説明しないほうがいいよ！

塙　いやぁ、今日もがっぷり四つに組んで電車道の横綱相撲みたいな漫才でしたね。

土屋　また長くなるから相撲用語はもういいよ！　どうもありがとうございました！

ゲス活動自粛でゲス

土屋　おはようございます、ナイツの土屋です。

塙　塙です。今週もたくさんニュースがあったでゲスね。何から話そうでゲスかね。

土屋　絶対、ゲスの話したいんだろ！

塙　今週、「ケツの痛み重め。」が活動自粛することを発表しました。

土屋　**「ゲスの極み乙女。」**[★1]**だよ！**　お尻痛くて休むわけじゃないですからね！

塙　そうなんですよ。本当はイジりたいんですけど、未成年飲酒はちょっと扱いづらい問題なんで、次の話題にいっちゃいます。**毎年開催されてる**[★2]

未成年との飲酒が原因なんですよね。

★1　ゲスの極み乙女。、活動自粛
10月3日、ロックバンド「ゲスの極み乙女。」が活動を自粛することが公式ホームページで明らかになった。ボーカルの川谷絵音はタレントのベッキーとの不倫騒動が話題となった後、タレントのほのかりんとの交際が発覚。週刊誌で、川谷が未成年のほのかと飲酒をしていたことも報じられていた（その後、2017年3月より活動再開した）。

★2　ミス慶應コンテスト、中止
10月4日、「ミス慶應コンテスト」を主催する学生団体「慶應義塾広告学研究会」が、今年の大会の中止を公式ホームページで発表した。慶應大は同日、同研究会が未成年者の飲酒をあおるなどの不祥事を起こしたとし

土屋　**ミス慶應コンテストが、今年は中止になってしまいました。**運営するグループ内の未成年の学生が飲酒をしたことが発覚したんですよね。自ら飛び込んでいっちゃいましたね！　また未成年飲酒の話になってますよ！

塙　残念ですね。楽しみにしてた人も多かったでしょうからね、ミセス慶應は。

土屋　ミス慶應だよ！　なかなか慶應大学の学生に既婚者、いないと思いますよ。

塙　いまや、女子アナの登竜門ともいわれてますしね、モス慶應といえば。

土屋　だから、ミスだよ！　ハンバーガーか！

塙　でもね、実は僕、中止で良かったと思ってるんですよ。人間を1位とか2位とか順位付けするの、よくないと思うんです。それぞれ素晴らしいでいいじゃないですか。あ、それから、**『キングオブコント』**[★3]**で、ライスが優勝しましたね。**

て解散を命じていた。

★3　ライス、『キングオブコント』優勝
10月2日、TBSにて放送された『キングオブコント2016』で、お笑いコンビの「ライス」が、「ジャングルポケット」「かもめんたる」「かまいたち」「タイムマシーン3号」などと決勝戦を争い優勝。9代目キングに輝いた。

土屋 その流れで言うと、『キングオブコント』批判みたいになっちゃいますよ？

塙 でも、優勝したモスライスバーガーは本当に面白かった。

土屋 ライスだろ！　それ、モスバーガーのメニューだよ！　モス好きだな！

塙 優勝して、今後ライスはテレビでたくさんネタやると思うけど、僕は王者だからといってひいき目には見ませんよ。ネタの中身でちゃんと評価しますからね。僕は肩書きに踊らされないタイプですから。それから今週、**日本人の大隅教授がノーベル賞を受賞しました。**[★4] 何の研究かよくわからないけど、ノーベル賞とるってだけで素晴らしいですよね。

土屋 肩書きに踊らされないんじゃなかったでしたっけ？　言ってること、コロコロ変わるな。

塙 オートファジーっていうものの仕組みを解明したそうなんですが、長年研究してたみたいですね。それはもう長い道のりだったと思いますよ。やっぱり、最後まで諦めない心は大事ですよね。人間、諦めちゃダメな

★4　大隅教授、ノーベル賞受賞
10月3日、スウェーデンのカロリンスカ研究所は、2016年のノーベル生理学・医学賞を大隅良典・東京工業大学栄誉教授に授与すると発表した。授賞理由は細胞内の不要なタンパク質などを分解する〝自食作用〟である「オートファジー」の仕組みを解明した功績。

んだな〜。スポーツの話題に移りますが、**錦織圭選手が楽天オープンを棄権しました。**[★5]

塙　そうなんです。錦織選手、2回戦の試合中に臀部を痛めてしまったそうなんです。もう試合続けられないほど「ケツの痛み重め。」だったんですね。

土屋　嫌味に聞こえるよ！　怪我したんだから仕方ないでしょ？

塙　すみません、ちょっと今、痔が悪化したんでここら辺でやめさせてもらいます。

土屋　「ゲスの極み乙女。」みたいに言うな！　また出てきたな、それ！

土屋　お前もケツ痛いんかい！　もういいよ！　どうもありがとうございました。

★5　錦織圭、楽天オープン棄権
10月5日、有明テニスの森公園で開催された「2016年楽天ジャパン・オープン・テニス選手権」の2回戦で、ポルトガルのジョアン・ソウザと対戦した錦織圭選手は、対戦中に腰を痛め、4-3となったところで途中棄権を訴え、2回戦敗退の結果になった。

2016
11.12

最初からトランプが勝つと思ってました

土屋　おはようございます。ナイツの土屋です。

塙　ナイツの塙です。今週はどの番組見てもアメリカ大統領選のニュース一色ですよね。

土屋　**おおかたの予想を覆して、ドナルド・トランプ氏が当選しましたね。**[★1]

塙　みんな、読みが甘いんですよね。僕は完全にこうなることはわかってましたよ。

土屋　本当ですか？

塙　実際、もう1週間くらい前に今日のトランプの漫才だって完成させちゃってたしね。

★1　**ドナルド・トランプ、米大統領選勝利**
11月8日、投開票されたアメリカ大統領選挙で、共和党候補のドナルド・トランプが民主党候補のヒラリー・クリントンを破り、第45代大統領となった。選挙活動中から過激な発言の多いトランプには批判的な声も多かったが、自国の利益を第一と考える姿に白人労働者たちの支持が集まり、ヒラリー優位の下馬評を覆す結果になった。

土屋　あ、トランプ氏当選を見越して、すでに漫才書いちゃってたんだ。すごいですね。

塙　ということで、今日は次期アメリカ大統領、ドナルド・トランプ氏についてインターネットのヤホーで調べてきました。今回、まれに見る大接戦となった大統領選を制した不動産王ドナルド・トランプ氏ですが、下馬評では、女性初の大統領候補だったヒラリー・クリントン氏が有利との見方が強かったんですよね。ヒラリー氏といえば、夫が、ルビ・フリントンで……

土屋　ビル・クリントンだよ！　なんだ、その〝ルビを振る〟みたいな名前は！

塙　ビル・クリントンといえば誰もが知る、元(げん)アメリカ大統領ですね。

土屋　それ、元(もと)って読むんだよ！　現役の大統領みたいになっちゃうから、ちゃんと「もと」ってルビ振っといて！

塙　まぁつまり、ヒラリー氏は元ファースト・ガガなんですよね。

土屋　ファースト・レディだよ！　レディー・ガガの〝ガガ〟に引っ張られちゃったのかな。

塙　次期大統領に選ばれたトランプ氏は不動産王として知られていますね。ホテルやカジノ経営で大成功をおさめた実業家です。一方、ヒラリー氏は、もともとは弁護士として、アディーレ法律事務所に所属して活躍していました。

土屋　あそこには所属してないよ！　過払い金のこととか、やってないと思いますよ。

塙　立候補から長きにわたって繰り広げられてきた選挙戦ですが、アメリカ大統領選ともなると、その支持者も豪華でしたよね。トランプ氏には、あのマイク・タイソンやデニス・ロッドマンが支持しました。そしてヒラリー氏には、大物アーティストが続々と応援に駆けつけましたね。ビヨヨ〜ンセとかボヨ〜ンジョビとか。

土屋　なんか伸びちゃってんな！　ビヨンセに、ボン・ジョビでしょ？　あれ？

塙　ちょっと待ってください。塙さん、さっきからヒラリーさんに関することばっかりでボケてません？

土屋　え？　何のことですか？

塙　夫のこととか、支持者のこととか。もしかして、下馬評通り、ヒラリー勝利を予想して、ヒラリーネタを作っちゃったんじゃないですか？

土屋　わかりましたよ！　認めますよ！

塙　やっぱり、そうだと思ったんですよ。

土屋　おっしゃる通り、ヒラリーが勝つと思ってましたし、ヒラリーを女性としていやらしい目で見てましたよ！

塙　そこまでは言ってないよ！　いい加減にしろ！　どうもありがとうございました。

ON AIR

2017

2017年 おもなできごと

1月

○ドナルド・トランプ、米大統領就任
○防衛省の通信衛星、打ち上げ成功
○稀勢の里、横綱に昇進

2月

○金正男、マレーシアで暗殺
○プレミアムフライデー開始
○清水富美加、「幸福の科学」に出家

3月

○「森友学園」国有地売却問題
○旅行会社「てるみくらぶ」経営破綻
○稀勢の里、大相撲春場所で優勝

4月

○浅田真央、現役引退表明
○今村雅弘復興相、失言で辞任
○「GINZA SIX」オープン

5月

○「加計学園」獣医学部新設問題
○エマニュエル・マクロン、仏大統領に就任
○文在寅、韓国大統領に就任

6月

○豊田真由子議員、元秘書恫喝問題
○将棋・藤井聡太四段、29連勝達成
○小林麻央、乳がんで死去

7月

○九州北部で集中豪雨

○東京都議会議員選挙、「都民ファースト」圧勝

○松居一代、夫の船越英一郎の不倫を告発

8月

○世界陸上、男子リレーで日本銅メダル

○北朝鮮ミサイル北海道上空通過、Jアラート発動

○「ナイトプール」、若い女性に人気

9月

○10万6千人分の年金支給漏れ発覚

○安室奈美恵、引退表明

○上野動物園のパンダ、「シャンシャン」に命名

10月

○衆議院選挙、自民党圧勝

○座間9人殺害事件

○ドラフト会議、日ハムが清宮幸太郎獲得

11月

○第4次安倍内閣発足

○トランプ大統領、初来日

○元SMAP3人、「新しい地図」始動

12月

○流行語大賞、「インスタ映え」「忖度」に

○今年の漢字、「北」に

○皇室会議で天皇陛下退位日決定

おめでとうございまーす

土屋 おはようございます。ナイツの土屋です。

塙 ナイツの塙です。結婚、妊娠、出産と、最近芸能界、ちょっとめでたすぎませんか？ 昨日飛び込んできたニュースで、**歌手の鈴木亜美さんが第1子を出産しました。**[★1] これからは子供と「BE TOGETHER」していくんですね。

土屋 お、うまい！ 鈴木亜美さんのシングルですね。

塙 「all night long」な「love the island」の「alone in my room」でね。「Don't leave me behind」〜！

土屋 もう和訳が追いつかないよ！ どうせテキトウだろ！

★1 鈴木亜美、出産
1月13日、歌手の鈴木亜美が公式ブログで前日に第1子男児の出産を発表した。ブログには「昨日、1月12日に3228gの元気な男の子を無事出産致しました！母子共に健康です」と綴られていた。

★2 澤穂希、出産
1月10日、元サッカー女子日本代表「なでしこジャパン」の澤穂希が、第1子女児の出産を発表した。所属事務所からの直筆メッセージでは「言葉にならない

塙　鈴木亜美さん、おめでとうございまーす。**それから、[★2]澤穂希さんも今週出産しました。**やっぱり澤さんは人気がすごいから、ネットでは祝福の声が広がっています。まあ、僕が言うことじゃないかもしれないけど、ありがとうございます。

土屋　本当にお前が言うことじゃないよ！　澤さん夫妻への祝福ですから！

塙　澤穂希さん、おめでとうございまーす。そして、**[★3]爆笑問題の田中さんの奥さんでタレントの山口もえさんも妊娠していることを発表しました。**田中さんは現在52歳ですから、いつまでも元気で頑張ってほしいですよね。だって、52歳の時の子ってことは、生まれた子が１００歳の時は田中さん、１５２歳ですよ。

土屋　もう少し想像しやすい年齢で言って！　小学校入学した時、とか。

塙　田中さん、山口もえさん、おめでとうございまーす。あと、**[★4]7人組ユニット「AAA（トリプルエー）」の伊藤千晃さんが浅野忠信さん似の実業家と結婚、AAAを卒業することになりました。**芸能界は引退しないそうですけど、ま

ほどの感動と感謝の気持ちで胸がいっぱいになりました」などと綴られていた。

★3　山口もえ、妊娠

1月7日、お笑いコンビ「爆笑問題」の田中裕二の妻でタレント、山口もえが妊娠していることがわかった。山口には前夫との間に2人の子供がおり、その2人をかわいがってきた田中にとっては初の実子となる。

★4　AAA伊藤千晃、結婚

1月12日、7人組ダンス&ボーカルグループ・AAAの伊藤千晃が40代の一般男性と結婚、妊娠3ケ月であることがわかった。前年の12月に代理人を通じて婚姻届を提出。伊藤は3月31日をもってグループから卒業した。

たボストンバッグに入る芸を見たいですよね。

土屋 それ、エスパー伊東さんだろ！　今週引退騒動出て、否定してたけど！

塙 AAAの伊藤さん、結婚に妊娠……まさに、〝トリプルええ〟ことありましたね。

土屋 2つだけじゃねえかよ！　せめて何か3つ言ってくれよ！

塙 なんか、電車の乗り継ぎうまくいったとか、あったんじゃないですか。

土屋 3つ目だけちっちぇえな！

塙 とにかく、AAAの伊藤さん、浅野忠信さん、おめでとうございまーす。

土屋 浅野忠信さんは関係ないよ！　お相手が似てるってだけだろ！

塙 同じく音楽界では、「SEKAI NO OWARI」[★5]のSaoriさんとNakajinさんがそれぞれ、結婚することを発表しました。おめでとうございまーす。お祝いあげたいんだけどなかなか会う機会ないから、きゃりーぱみゅぱみゅに預けときまーす。

土屋 メンバーの元カノに渡すな！　というか接点ないんだから、お祝いあげ

★5　セカオワ・Nakajin、Saori結婚
1月12日、バンド「SEKAI NO OWARI」のリーダー、Nakajinが一般女性と、ピアノのSaoriが俳優の池田大とそれぞれ結婚することが発表された。

なくていいよ！

塙　それから、結婚といえば、**年末にはおぎやはぎの矢作さんが結婚しましたね。**[★6]あ～、お祝いあげないと。森山直太朗君に預けときまーす。

土屋　小木さんの義理の弟だけど、それより矢作さんのほうが会うだろ！　何なの？　そのお祝い預けとくキャラ。

塙　あ、最後に！　**ビッグダディの元妻・美奈子さん、第7子妊娠おめでとうございまーす。**[★7]お祝い、あげませーん。

土屋　何でだよ！　もういいよ！　どうもありがとうございました。

★6　おぎやはぎ矢作、結婚
　12月30日、お笑いコンビ「おぎやはぎ」の矢作兼が一般女性と入籍したことを発表した。同日のTBSラジオ『おぎやはぎのメガネびいき』では、相方の小木博明を証人にして、区役所の夜間窓口に婚姻届けを提出する様子が中継された。

★7　美奈子、第7子妊娠
　1月4日、〝ビッグダディ〟こと林下清志の元妻でタレントの美奈子が、自身の公式ブログで妊娠を報告した。美奈子は2015年5月に元プロレスラーの一般男性と4度目の結婚をしており、今回は第7子となる。

リスクしかない賭けで賞予想

土屋 おはようございます。ナイツの土屋です。

塙 ナイツの塙です。相変わらずワイドショーでは連日、清水富美加さんの話題で盛り上がってますが、今週追い打ちをかけたのが、不倫騒動ですよね。相手は、ロックバンド「MANA-BOON（マナブーン）」のベーシスト……。

土屋 KANA-BOON（カナブーン）ね！

塙 ごめんなさい。僕、いまだにマナとカナの区別がついてないんですよね。

土屋 だとしても、KANA-BOONをMANA-BOONとは間違えないでしょ？

塙 **その、★1 KANA-BOONの飯田（めしだ）さんと不倫関係にあったことが明らか**

★1 **清水富美加、KANA-BOON飯田と不倫**
2月21日、宗教団体「幸福の科学」に出家した女優の清水富美加との過去の不倫が報じられたロックバンド「KANA-BOON」のベーシスト、飯田祐馬が所属事務所を通じコメントを発表。清水との不倫を認め、謝罪した。（その後2019年11月、飯田はバンドを脱退した）

になりました。KANA-BOONは人気急上昇中のバンドだけに、今後の活動に影響が出ちゃうかもしれませんね。実は僕も注目してたバンドで、こんなスキャンダルがなければいつか、「ゲスの極み乙女。」みたいになったんじゃないかな、と思ってたんですけどね。

土屋　ある意味、今、そうなりかけてるよ！

塙　話題はスポーツに移りますが、錦織圭選手がラケットを折ったことが話題になりました。あ、話はガラッと変わりますけど、**テニスのリオ・オープン[★2]で錦織圭選手が1回戦で敗退しましたね。**

土屋　その試合でイラ立って折ったって話だろ！　プライベートで、ただ折るわけないだろ！

塙　もうひとつスポーツの話題でいうと、**四大陸フィギュアで羽生結弦選手[★3]は2連覇を逃し、惜しくも2位でした。**残念。悔しさから、ラケット折ってましたもんね。

土屋　羽生選手は折ってないよ！　フィギュアスケートでラケット使わないだ

★2　錦織圭、リオ・オープン敗退
　2月21日、リオデジャネイロで開催された「リオ・オープン2017」に出場した錦織圭選手は1回戦でブラジルのトーマス・ベルッチ選手と対戦し、4-6、3-6のストレートで敗れ、1回戦敗退に終わった。

★3　羽生結弦、四大陸フィギュアで2位
　2月19日、平昌冬季五輪のテスト大会を兼ねたフィギュアスケートの四大陸選手権最終日が韓国の江陵アイスアリーナで行われ、男子でショートプログラム（SP）3位の羽生結弦はフリーで1位と巻き返したが、合計点で2位にとどまった。

ろ！

塙　あ、くまのプーさんのぬいぐるみを引き裂いたのか。

土屋　絶対やらないよ！　羽生君、プーさん好きで、いつも持ってますけど！

塙　それから、アメリカでは間もなくアカデミー賞が発表されますが、最も注目されている作品が、日本では昨日公開されたミュージカル映画『ラ・ラ・ランド』。

土屋　**『ラ・ラ・ランド』**[★4]ね！　音階みたいになっちゃってますけど！

塙　評判も良いみたいですね。僕もこの『ラ・ラ・ランド』が作品賞を受賞すると予想していて、自信あります。受賞しなかったら、芸能界引退しま～す。次のニュースは……。

土屋　サラッとすごいこと言うな！　絶対にない話ではないですから！

塙　でも僕がアカデミー賞より興味あるのは、**日本の「R-1ぐらんぷり」ですよ。**[★5]

土屋　そうですね。いよいよ3日後、日本一のピン芸人が決まりますからね。

★4　『ラ・ラ・ランド』アカデミー賞6部門受賞
2月26日、第89回アカデミー賞授賞式がロサンゼルスのドルビー・シアターで行われ、デイミアン・チャゼル監督のミュージカル映画『ラ・ラ・ランド』が監督賞、主演女優賞（エマ・ストーン）、撮影賞など、最多6部門で受賞した。

★5　「R-1ぐらんぷり2017」
2月28日、関西テレビ・フジテレビ系列にて生放送された「R-1ぐらんぷり2017」で、お笑いタレントのアキラ100%が優勝。全裸で股間をお盆で隠す芸で人気を博した。

塙　面白いピン芸人が揃いましたけど、僕が優勝予想してるのは、今最も勢いがある女芸人、ブルゾンちえみですね。もし違ったら、漫才協会副会長やめます。

土屋　その、さっきからリスクしかない賭けみたいなの、やめて！

塙　**そして明日は東京マラソン★6が行われますね。**漫才協会副会長やめま～す。

土屋　もはや予想がはずれたら、とかでもなくなってんじゃねえか！　いい加減にしろ！　どうもありがとうございました。

★6　「東京マラソン2017」
2月26日、一般財団法人東京マラソン主催の「東京マラソン2017」が都内の日本陸上競技連盟公認コースで行われた。参加定員は計3万6000人で、落語家の林家たい平もフルマラソンに挑戦し、5時間58分32秒で完走した。

流行語大賞でたたみかけるWBC2017

土屋 おはようございます。ナイツの土屋です。

塙 「おっはー」！　ナイツの塙です。いよいよ始まりましたね。野球の世界一を決める大会、『野球-1グランプリ』。

土屋 そんな日本のお笑いっぽいネーミングじゃないよ！　**WBC**[★1]**ね。**

塙 昨日で日本は、1次ラウンド3試合がすべて終わりましたけど、見事2次ラウンドに進出しました。侍ジャパン、強いですね。初戦の侍キューバ戦から大量得点でね……。

土屋 キューバには「侍」つけなくていいんだよ！　つくのは日本だけですからね！

★1 「WBC2017」開催　3月6日～22日、「2017ワールド・ベースボール・クラシック（WBC）」が開催された。小久保裕紀代表監督率いる日本代表（通称：侍ジャパン）は1次ラウンド・プールBでキューバ、オーストラリア、中国を相手に順調に勝利を重ねていった。

塙　今回、監督に対する批判の声もけっこうあったんですけど、僕はファンだし、応援してますよ。小久監督のこと。

土屋　監督のこと「小久」って呼んでんの？　独特の略し方してますね。

塙　あ、フルネームで言うと、小久保監督ね。

土屋　あれ、小久保って読むんだよ！　「小久保」で名字ですからね！　本当にファンなのかよ。

塙　話題になったのが、**キューバ戦で山田哲人選手のホームランボールをキャッチしちゃった少年ですよね。**[★2]結局、ビデオ判定の結果、二塁打になったんですが、その少年がネットでめちゃくちゃ叩かれて大炎上しました。でも、山田哲人選手はその少年に対して「また応援に来て」っていうメッセージを送ったんですね。カッコいいですよ。山田哲人だけに、まさに「神って」ますよね。

土屋　それは別の選手だよ！　山田選手は「トリプルスリー」で流行語大賞受賞したんですから。ただ、山田哲人選手のメッセージは、神対応って言

★2　WBCキューバ戦で捕球騒動
3月7日、WBCの日本-キューバ戦で、山田哲人選手（ヤクルト）が左翼スタンドへ打ったホームラン級のボールを、観客の少年がスタンドインする直前に打球をダイレクトで捕球。この模様がビデオ映像で確認されると審判団の協議の結果、二塁打となった。

塙　われてますけどね。勝負の大事な場面で、ホームランをなくされちゃったんですから。普通なら「ダメよ～ダメダメ」って怒って「倍返し」してもいいくらいなのに、「チョー気持ちいい」男ですね。

土屋　やたら流行語大賞たたみかけてくんな！　そういや最初から「おっはー」とか言ってたし。

塙　**それから明日、サウジアラビアのサルマン国王が来日します。**[★3]サウジアラビアの国王が日本に来るのは46年ぶりだそうです。王子や閣僚を含め、1000人以上同行するらしく、今、都内の高級ハイヤー、高級ホテル、高級レストランは予約でいっぱいみたいですね。あ～！　だからか！

土屋　どうしたんですか。

塙　今週、浅草の寄席の前日に泊まる高級ホテルとレストランの予約、取れなかったから。

土屋　寄席のためにそんなのしたことないだろ！　こう言っちゃなんだけど、

★3　サウジアラビア・サルマン国王、来日
3月12日、サウジアラビアのサルマン国王が王子、閣僚などおよそ1500人を引き連れて来日。サウジ国王の来日は1971年のファイサル国王以来、46年ぶりで、天皇や安倍晋三内閣総理大臣と会談した。

大赤字になるぞ！

塙　4日間の滞在予定だそうですが、それだけで日本にとってはものすごい経済効果でありがたいですよね。滞在中の「爆買い」も期待されていま す。日本は素晴らしい「お・も・て・な・し」をしてほしいですね。

土屋　また流行語大賞の流れ、きちゃったよ！

塙　とにかく、日本へようこそ！　サルマン国王！　ハニカミ王子！

土屋　ハニカミ王子じゃなくて、本物の王子たちが来るんだよ！

塙　あの、そろそろ腰がキツいんで、「イナバウアー」やめていいですか？

土屋　やってないだろ！　もういいよ！　どうもありがとうございました。

籠池さんには全然似てません！

土屋　おはようございます。ナイツの土屋です。

塙　ナイツの塙です。今日も、自分の記憶に基づいた漫才をやっていこうと思います。

土屋　**稲田防衛大臣か！**[★1]　いつも通り、漫才やっていきましょう。

塙　あの人、名前何でしたっけ……。今年一気にブレイクして、今やテレビで見ない日はない、超売れっ子の……あ、籠池さんだ。

土屋　あの人、売れてテレビに出てるわけじゃないよ！　タレントじゃないですから！

塙　ちょっと許せませんよね。

★1　稲田朋美、森友学園との関わり否定
3月14日、稲田朋美防衛相は閣議後の会見で、「森友学園」が起こした民事訴訟に原告側代理人弁護士として出廷した事実はないと前日に答弁したが、出廷を示す裁判所作成の記録が見つかったことについて、「自分の記憶に基づき答弁した。虚偽の答弁をしたことはない」と語った。

土屋　**森友学園に関する疑惑が連日、次から次へと出てきますよね。**[★2]

塙　そんなことじゃなくて、僕、籠池理事長に似てるってめちゃくちゃ言われるんですよ。

土屋　あ、それで怒ってるんですか？　まあ、似てると思いますけどね。

塙　どこがだよ！　全然違うよ！　この前、『アメトーーク！』のガラケーの回に出てる籠池さん見たけど、全然似てなかったし。

土屋　あれは塙さんでしょ!?　本人が間違っちゃってるよ！

塙　『カイモノラボ』でも土屋君の隣に立ってたけど全然似てない。あ、あれ、道端カレンか。

土屋　そっちと間違えてたの？

塙　一昨日、籠池さん立ち合いのもと、調査団が小学校開校予定地を視察しましたけど、そこで籠池さんから「安倍首相から100万円の寄付金をもらった」と衝撃発言が飛び出しましたよね。来週23日に行われる籠池理事長の証人喚問が注目されてます。その日、仕事じゃなかったっけ？

★2　**森友学園問題**
2月9日、朝日新聞は財務省近畿財務局が学校法人「森友学園」に払い下げた国有地の売却価格が豊中市に売却された国有地の価格の1割程度まで値下げされたことに加え、学園の籠池泰典理事長は日本会議大阪の役員であり、安倍昭恵夫人が同校の名誉校長となっていると報じた。同月17日、国会でこの件を野党から問い詰められた安倍晋三首相は「私や妻が関係していれば、首相も国会議員も辞める」と答弁した。

あ、僕、籠池さんじゃないから行かなくていいのか。

土屋　もう、わけわからなくなっちゃってんじゃねえか！

塙　それよりWBCでしょ。**今週も日本は全勝で準決勝進出が決定しました。**★3 良い試合でしたね。まず火曜日の相手が、どこだっけな。イチバじゃなくてニバじゃなくて、サンバじゃなくて、ヨンバ、ゴバ、ロクバ、ナナバ、ハチバ、キューバだ。

土屋　どんな覚え方だよ！

塙　キューバを8対5で下して、水曜日の相手が……あれ？　どこだっけな。

土屋　また忘れちゃったんですか？　今日は記憶力が悪いですね。

塙　アスラエルじゃなくて、イスラエル！

土屋　あ、今度は早く正解が出て良かったよ！

塙　イスラエルを8対3で圧倒しました。準決勝の相手国はまだ決まってませんけど、個人的には、前回のWBCで日本が破れたあの国にリベンジしてもらいたいですよ。あれ、どこだっけ。イチルトリコじゃない、ニ

★3　WBC2017、侍ジャパン準決勝へ
3月15日、WBC2017の第2ラウンドでイスラエルを8-3で下した日本代表はプールEを全勝、決勝トーナメントに進んだものの、3月21日の準決勝・アメリカ戦で1-2で敗れ、最終順位はベスト4にとどまった。

ルトリコじゃない、サンルトリコ……。

土屋 それだと一生答えにたどり着かないよ！　プエルトリコ、数字で始まってないから！

塙 今日、本当に名前が出てこないな。あれ？　目の前にいる人の名前、何だっけ……。

土屋 まさか、俺の名前も忘れたんですか？　さっき言えてなかった？

塙 月屋じゃなかった、火屋じゃなかった、水屋、木屋……。

土屋 今度は曜日パターンできたか。

塙 金屋じゃなくて、土屋。あ、ドヤだ！　ナイツのドヤだ！

土屋 土屋だよ！　もういいよ！　どうもありがとうございました！

ニュースが多くてネタが重なる漫才

土屋　おはようございます。ナイツの土屋です。

塙　ナイツの塙です。今週もいろいろなニュースがありましたけど、その中からボケが浮かんだニュースのみを挙げていきたいと思います。

土屋　時事漫才ってそういうもんですから、いちいち言わなくていいですよ！

塙　政治のニュースで今週大きな話題となったのが、**記者会見で記者に対して「うるさい！」「出て行きなさい！」と感情をあらわにした、今村激昂大臣ですよね。**★1

土屋　復興大臣だよ！　激昂大臣だったら、あれだけ怒ってても許してやれ！

塙　冷静になって反省したのか、今村大臣はその日の夕方、謝罪しました。

★1　**今村復興大臣、激昂**
4月4日、今村雅弘復興相が記者会見で、東京電力福島第一原発事故の自主避難者をめぐるやり取り中に「出ていきなさい!」「うるさい!」などと激昂する場面があった。今村復興相は同日夕、「感情的になってしまい、おわびする」と語った。

一転して穏やかな口調になってましたよね。「うるさいよ〜」「出て行きなさいね〜」。

土屋 中身、まったく変わってねえじゃねえか！

塙 それから、**今週[★2]発売された「Get Wild」発売30周年を記念したアルバムに、まったく同じ曲が2曲収録される不備がありました。**「Get Wild」といえば、TIM NETWORKの名曲ですよね。

土屋 TM NETWORKだよ！

塙 あ、失礼しました。レッド小室さんとかゴルゴ宇都宮さんに謝らなきゃ。

土屋 個人名のほうも、TIMっぽくなっちゃってるよ！

塙 まあでも、今週いちばん衝撃的だったのは、**7[★3]億円以上をだまし取ったとして日本人女性がタイで捕まったニュースですよね。**30歳年下の交際相手のタイ人男性に貢いでいたそうなんですが、信じられないのが、この山辺節子容疑者、62歳なのに38歳と偽っていたんだそうです。マイナスな方向にサバ読むって、ちょっと意味がわからないですよね。

★2 TM NETWORK、アルバムで音源重複
4月5日、エイベックス・エンタテインメントは同日発売の、収録曲すべてが「Get Wild」というTM NETWORKのアルバム『Get Wild Song Mafia』に、同じ音源が重複して収録されているとして、交換対応を実施すると発表した。

★3 つなぎ融資で7億円詐欺の女性、逮捕
4月19日、熊本県警は、高利をうたい違法に多額の資金を集めたとして、出資法違反の疑いで国際手配した山辺節子容疑者を、タイからの機内で逮捕した。東京の知人男性らから計約7千万円近くを違法に出資させた疑いがあるとみられる。

土屋　それをマイナスと受け取るのは、熟女好きの人だけですけどね！

塙　ニュースで映像見ましたけど、あの人、見た目もインパクトありましたよね。白い肩出しファッションに、髪型も〝のりこちゃんカット〟で。

土屋　〝聖子ちゃんカット〟だよ！　本名で言うな！　松田聖子さんの本名、蒲池法子（かまちのりこ）だけど！

塙　それにしても7億円って、普通に働いてるこっちがバカみたいに思えちゃいますよ。

土屋　そうですね。

塙　人を騙して、楽に7億稼いで。かたやこっちは、こつこつネタ考えて、1ヶ月間お客さんの前で漫才やって7億円稼ぐ。同じ7億とは思えない。

土屋　漫才で月に7億、稼いでないだろ！

塙　それと今週、TIM NETWORKが「Get Wild」発売30周年を記念したアルバムを発売したんですが……。

土屋　TM NETWORKだよ！　……って、それ、さっきも聞きましたよ？

塙　あ、すみません、1つの漫才にまったく同じネタ2つ入れちゃいました。

土屋　「Get Wild」と同じ不備をするな！　もういいよ！　どうもありがとうございました。

2017
04.15

真央ちゃん引退に合わせてボケのトリプルアクセル

土屋 おはようございます。ナイツの土屋です。

塙 ナイツの塙です。僕にとって漫才ですか？　一言でいうと人生です。

土屋 誰も聞いてないよ！　真央ちゃんがフィギュアスケートについて言った言葉でしょ？

塙 そう。**今週、真央ちゃんが突然引退発表して会見を開きました**[★1]（鼻をすすりながら）。

土屋 あれ？　塙さん、引退会見を思い出して、泣いてません？

塙 な、泣いてね～よ！　毛穴から涙が出ただけだよ！

土屋 そんなごまかし方、聞いたことねえよ！　目から汗が……でしょ？　逆

★1　**浅田真央、引退**　4月12日、自身のブログで現役引退を表明した浅田真央が東京都内で記者会見を開き、引退の意思を表明した。今後については「スケート人生で経験したことを忘れずに、これから新たな目標を見つけて、笑顔で前に進んでいきたい」と語った。

ですよ。

塙　会見で、昼田真央ちゃんは……。

土屋　浅田ね！　その〝あさ（朝）〟じゃないですから。

塙　夜田真央ちゃん……じゃなくて、夜中田真央ちゃん……じゃなくて。

土屋　いつまで続けるんだよ！

塙　すみません、ボケのトリプルアクセル決めちゃいました。

土屋　何だよ、それ！　真央ちゃんの代名詞ですけどね、トリプルアクセル。

塙　トリプルアクセルといえば、会見で「トリプルアクセルに声をかけるとしたら、どんな言葉をかけたいですか？」っていう記者からの酷い質問がありましたよね。僕に対して「ボケに声をかけるとしたら？」って聞いてるようなもんですよ。

土屋　そうですね。

塙　土屋君に対して「上手から歩いて登場、に声をかけるとしたら？」って聞いてるようなもんですよ。

土屋　俺のいちばんの武器、登場なの⁉　ツッコミにしてくれよ！

塙　あの引退会見の最後、感動しちゃいましたよ。それまでは終始笑顔で明るくふるまってましたけど、最後だけは溢れる涙をこらえきれなかったんでしょうね。カメラにケツ向けて涙をふいていましたね。

土屋　背中向けて、でいいだろ！　感動が台無しだよ！

塙　浅田真央ちゃんは2010年バンクーバー五輪で銀メダルを獲得しました。惜しくもキム・ヨナに負けて金メダルは逃しちゃいましたけど。あの頃の真央ちゃんと自分を重ねちゃうんですよね。ほら、あの翌年、僕らも同じような経験をしたじゃないですか。まあ同じっていうと恐れ多いですけど、我々漫才師にとってのオリンピック、『THE MANZAI』でね、頂点目指してめちゃくちゃ頑張って、決勝まで行ったんですけど、最後の最後で……キム・ヨナに負けちゃった。

土屋　キム・ヨナには負けてない！　そこまで同じ経験はしてないよ！

塙　今後はどうするんでしょうね。テレビに出ることもあるんですかね。お姉ちゃんはタレントとして活躍してますからね。昼田舞……じゃなかった。夜田舞じゃなかった。夜中田舞じゃなかった……。

土屋 また出たな！　ボケのトリプルアクセル！

塙 いや、今のはボケのトリプルトゥーループでしたね。

土屋 違いがわからないよ！　ボケ、まったく一緒だし！

塙 僕はね、引退しても見守りますよ。真央ちゃんがスケート以外でもドンズベる姿を。

土屋 それは違う意味のスベるだろ！　もういいよ！　どうもありがとうございました。

2017 06.17

お前じゃない2017

土屋　おはようございます。ナイツの土屋です。

塙　塙です。いや〜、やらかしちゃいましたよ。この前、サウナ行ったんですけどね、近所だからそこでいつもの薬を飲んで、そのまま車を運転して帰ったんですけど、気づいたらそのまま寝ちゃってて、警察の方に起こされて気づいたんですよ。

土屋　それ、お前じゃない！ **インパルスの堤下さんだろ！**[★1]

塙　あれ？ あ、そっか！ 勘違いしちゃってました。で、家に帰ってから体重計に乗ったんですけど、40kg台しかなくてビックリしちゃった。

土屋　え？ そんなにサウナ入ってたの？

★1 インパルス堤下、運転中不祥事
6月14日、「インパルス」の堤下敦が、抗アレルギー薬と睡眠薬で朦朧としている状態で車を運転し、ハンドルに前のめりで突っ伏しているところを発見された（後日、道路交通法違反で書類送検された）。

塙　いや、体重落としたのはヨガでなんだけどね。インストラクターにも合格したし。

土屋　お前じゃないよ！　**片岡鶴太郎さんでしょ？**[★2]

塙　あ、すみませんでした。ちょっと疲れが溜まってるのかな。最近、上野の森美術館の個展に向けた準備で忙しかったから。

土屋　それも片岡鶴太郎さんだよ！

塙　それよりもヤバイんですよ。**加計学園[★3]の件で、問題となっている文書が存在することが公表されちゃったんですよ。**僕政権史上、最大のピンチじゃないかな？

土屋　関係ないよ！　あなた、安倍さんじゃないでしょ？　何だ、僕政権って。

塙　あ、僕じゃない？　〝塙のご意向〟とは書かれて……ない？

土屋　書かれてないよ！　〝総理のご意向〟でしょ!?

塙　〝漫才協会の最高レベル〟って、僕のことじゃない？

土屋　〝官邸の最高レベル〟だよ！

2017

★2　片岡鶴太郎、ヨガで激やせ
　6月13日、俳優・お笑い芸人の片岡鶴太郎がインド大使館で行われた「インド政府公認プロフェッショナルヨガ検定　インストラクター合格記者会見」に出席。5年前から始めたヨガにより、65kgあった体重が43kgまで減った体を公開した。

★3　加計学園問題
　5月17日、朝日新聞が「総理のご意向」と記された、学校法人「加計学園」の獣医学部新設計画に関する文部科学省の文書が存在することを報道。安倍首相の知人が理事長を務める加計学園のために土地代を優遇した〝口利き〟疑惑が持ち上がり、森友学園問題と併せて、国会を紛糾させる騒ぎとなった。

塙　いったん落ち着きましょう。話、ガラッと変えますか。そういえば、この番組ではまだ言ってなかったですよね？　実は今週、我が家に子供が生まれましてね。

土屋　え？　本当に？　というか、僕も知らなかったんですけど。

塙　名前を一般公募しようかな、って妻のシンシンとも話してるんですよ。

土屋　あれは塙家の話じゃない！　**上野のパンダでしょ？**[★4]　奥さんシンシンシンじゃないし、あなたリーリーじゃないでしょ⁉

塙　あ、そっかそっか。あれは別の家庭か。僕の話をしますけど、今、僕、不倫してるじゃないですか。

土屋　突然すごいこと言ってるけど、大丈夫なんですか？　そんなこと言って！

塙　あ、もちろん実際にじゃないですよ？　役としてですよ？

土屋　あ、役で？　ビックリした。ドラマの撮影とかしてるんですか？

塙　**今、**[★5]**『昼顔』っていう映画の中で、斎藤工さんと不倫する役やってるん**

★4　上野のパンダに子供誕生
6月12日、上野動物園のメスのパンダ「シンシン」が、オスパンダの「リーリー」との自然交配で子供を出産。後日、名前を広く募集した結果、「シャンシャン」と名付けられた。

ですけど。

土屋 それもお前じゃない！　上戸彩さんでしょ？　百歩譲って間違うなら男の斎藤工さんと、じゃない？　今日の塙さんは酷いですね。何でも自分のことだと思っちゃうんですから。

塙 あ、そんなことより土屋君、今日の自信は？　ＡＫＢ総選挙3連覇頑張ってね。

土屋 それ、俺じゃないよ！　指原莉乃（さしこ）だろ！　もういいよ！　どうもありがとうございました！

★5　劇場版『昼顔』公開
6月10日、平日の昼間に夫以外の男と恋に落ちる主婦たちを描き、社会現象にもなった上戸彩・斎藤工主演のフジテレビ系のドラマ『昼顔』の劇場版が公開された。ドラマの結末の3年後を描き、話題を呼んだ。

2017 06.24

ちょいちょいボケが豊田真由子になる漫才

土屋 おはようございます。ナイツの土屋です。

塙 おはようございます。ナイツの塙です。今週もいろいろなニュースがありましたね。将棋界のレジェンドが引退しました[★1]。現役最高齢棋士だった、加藤四五六（しごろう）……。

土屋 一二三（ひふみ）だよ！　一、二、三で、ひふみ！

塙 加藤四五六、十二段。

土屋 加藤一二三、九段ね！　全部、3ずつ多いんだよ！

塙 77歳で現役最高齢棋士だった加藤一二三九段、今では人気者で〝ひふみん〟の愛称で親しまれてますけど、その名前に、あの見た目でしょ？

★1　**加藤一二三、引退**
6月20日、現役最高齢棋士、加藤一二三・九段は、竜王戦6組昇級者決定戦で敗れ、自身のツイッターで現役引退を表明し、「幸せな棋士人生をありがとうございました」と感謝の言葉を綴った。

土屋　最初見た時、若い女の子かと思いましたよ。容姿を見た上で女の子だと思ったの？　おかしいだろ！　どんな感覚してるんだよ！

塙　これ以上、私の評判を下げるな〜！

土屋　豊田真由子議員か！

塙　**それから土曜日に行われたAKB総選挙では、指原莉乃が3連覇を果たしました**[★2]。やっぱり人気なんですね。得票数は過去最多となる、24万6379票ですよ！

土屋　すごいですねぇ〜。

塙　ちぃがぁうだろぉ〜！

土屋　何がだよ？　また豊田議員出てきたし。

塙　「24万6376票だろ！　3票多いよ！」って、つっこんでよ！

土屋　そんな細かいボケ、わかるか！

塙　このハゲ――！

★2　AKB総選挙、指原莉乃3連覇
6月17日、アイドルグループ・AKB48の49thシングル選抜メンバーを決定する「第9回AKB48選抜総選挙」の開票イベントが沖縄・豊見城市中央公民館で開催され、1位を3年連続で指原莉乃（HKT48、STU48）が獲得し、2位の渡辺麻友（AKB48）はグループからの卒業を宣言した。

土屋　俺、ハゲてないだろ！

塙　でも1位になったさしこより話題になっちゃったのが、**総選挙[★3]で20位だったNMB48の須藤凜々花さんですよね**。

土屋　スピーチで突然の結婚発表したんですよね。これにはファンも驚いたでしょうね。

塙　支持者を怒らせるなぁ！　頼むから！

土屋　うるさいよ！　須藤凜々花さんにまで豊田議員でキレるな！

塙　**まぁ[★4]、今週いちばんの話題はその豊田真由子議員ですよね**。秘書への暴言・暴行が明るみに出て、離党届を提出しました。この豊田真由子議員のことを、昨日ゴーグルでゴグってみたんですよ。

土屋　グーグルでググったってことですね！

塙　ものすごいエリートなんですよ。東京大学法学部卒業。すごくないですか？　東大っていったら、あの田畑藤本の藤本と同じですよ。

土屋　ああ、東大芸人の藤本ね。

★3　NMB48・須藤凜々花、結婚宣言
6月17日、「第9回AKB48選抜総選挙」開票イベントでNMB48・チームNの須藤凜々花が3万1779票を獲得し、20位にランクインしたが、スピーチで突然「結婚します」と宣言した。

★4　豊田真由子、秘書パワハラ騒動
6月22日、自民党・衆議院議員の豊田真由子の政策秘書の男性に対しての暴言・暴行が「週刊新潮」で報じられ、男性が録音したハラスメント音声も公開された。同日、豊田は自民党に離党届を提出、受理された。その後、政界を離れて社会福祉の仕事に従事しながら、2020年よりコメンテーターとしての活動をしている。

塙　さらに、ハーバード大学の大学院に留学してます。すごくないですか？ハーバードっていったらパックンと同じですよ？

土屋　いちいち芸人の名前出さないで！　ちょっと、すごくなく聞こえちゃうでしょ？

塙　♪そんなつもりはなかったんです〜。

土屋　豊田議員、もういいよ！　いい加減にしろ！　どうもありがとうございました。

松居・船越戦争の話をさせていただきます

土屋　おはようございます。ナイツの土屋です。

塙　塙です。今日は、戦争についてお話させていただきたいと思います。

土屋　ずいぶん真面目なテーマですね。大丈夫ですか？　それで漫才やれます？

塙　**みなさん、松居・船越戦争[★1]って知ってます？**

土屋　あの夫婦の全面戦争のことね！　松居さんがブログで宣戦布告してた……。

塙　他人の家庭の大変な問題をネタにするのはどうかと思ってるんですけど、松居・船越夫婦のことをインターネットのイヤッホ～で調べてきました。

土屋　めちゃくちゃ喜んでんだろ！　あと、ヤフーね。

★1　松居一代・船越英一郎、夫婦間闘争
　7月5日、タレントの松居一代がYouTubeに「船越英一郎　裏の顔」という動画を投稿。夫で俳優の船越英一郎の不倫行為について語り、不倫相手と共に自分を陥れようとしてい

塙　まずは奥さんのほうから。松居〜代さんは……。

土屋　松居一代だよ！　あれ、漢数字の〝一〟で、「かず」って読むんだよ。

塙　伸ばし棒の〝〜〟じゃないですよ！

1979年に『11PM』で芸能界デビュー。その後女優として『マルサの女』などの作品に出演。2001年に俳優の船越さんと結婚しました。おしどり夫婦として知られ、2006年には「いい夫婦の日　パートナー・オブ・ザ・イヤー」に選ばれました。高橋ジョージさん、三船美佳さん、その節はおめでとうございます。

土屋　別の人だよ！　ちなみにその2人離婚したんで、受賞者一覧から削除されてますから！

塙　松居一代さんといえばお掃除好きで、自身が考案した掃除グッズ「マツイ棒」が大ヒットしました。〝松居さん＝マツイ棒〟っていうイメージ、ありますもんね。それだけじゃなく、マツイ棒は、圧力鍋や包丁などもプロデュースしています。

ると訴えた。船越の所属事務所は名誉毀損や業務妨害にあたるとして、動画投稿などの差し止めを求める仮処分を東京地裁に申請、後には損害賠償を求めての提訴に切り替えられた。その後、船越と調停離婚したことが、12月に松居から発表された。

土屋　松居一代さんのことを「マツイ棒」って呼ぶな！

塙　続いて、旦那さんのほうに移ります。船越英一郎さんは……。

土屋　英一郎だよ！　伸ばし棒じゃなくて漢字の〝一〟ですから！

塙　1982年にテレビドラマに出演して芸能界デビュー。2001年に松居一代さんと結婚。先ほども言いましたが、2006年に「いい夫婦の日パートナー・オブ・ザ・イヤー」に選ばれました。先ほどもボケましたが、高橋ジョージさん、三船美佳さん、おめでとうございます！

土屋　聞きましたね！　それ、違う夫婦ですって！

塙　船越英一郎さんといえば、数々のミステリードラマに出演していることから、「2時間ドラマの帝王」とも呼ばれています。「2時間ドラマの帝王」はバラエティ番組にも数多く出演。『ぐるナイ』の人気企画「ゴチになります」にも、「2時間ドラマの帝王」はレギュラー出演していました。

土屋　突然船越さんのこと、「2時間ドラマの帝王」って呼び始めなくていいよ！　というか、塙さん、松居一代さんと船越さんのことをそれぞれをネタにするのはいいんですけど、構成とかボケのパターンがまったく一緒なんですよ！

塙　そうですか？

土屋　〝一〟を伸ばしたり、違う呼び方したり。いい夫婦の日のネタに関しては、「先ほどもボケましたが」って、同じボケしてましたからね！

塙　ホントだ。やっぱり相性ぴったりなんでしょうね。あの夫婦、今後も大丈夫ですよ。

土屋　今そう思ってんの、日本でお前だけだよ！　もういいよ。ありがとうございました。

トイレが近くて世界陸上が見れません

土屋　おはようございます。ナイツの土屋です。

塙　ナイツの塙です。現在、世界陸上が開催中ですね。**やっぱり何といってもいちばんの話題は、人類最クソの男、ボルトですよね。**[★1]

土屋　人類最速(さいそく)だよ！　何てこと言うんだよ！

塙　今大会で引退することを発表していますからね。最後の１００m決勝は早朝だったから、早起きして見ましたよ。

土屋　そうですね。まぁ、結果は残念ながら3着でしたけどね。

塙　なんか、そうみたいですね。

土屋　そうみたいですねって、塙さん、見たんじゃないの？

★1　**世界陸上男子１００m決勝・ボルト、3着に**
8月5日、「第16回世界陸上ロンドン大会」にて男子１００メートル決勝が行われた。自身最後のレースに臨んだウサイン・ボルト（ジャマイカ）はジャスティン・ガトリン（アメリカ）に敗れ、3位の銅メダルに終わった。

塙　いや、見てたんですけど……50mあたり走ってる時かな？　突然もよおしちゃって、トイレ行って帰ってきたら、どうなってたと思います？　もう終わってたんですよ。

土屋　でしょうね！　あと4〜5秒、我慢できなかったのかな？

塙　**そして昨日は、200m決勝に日本のサニブラウン選手が出場しました。**[★2]早朝だったから、早起きして見ましたよ。結果は、7着だったらしいですね。

土屋　あれ？　また見られなかったの？

塙　50mくらい走ったところでもよおしてきちゃって。

土屋　またですか？　トイレ行って見逃しちゃったんですか？

塙　僕だってバカじゃないですから、同じ過ちは犯しません。我慢して見てたんですけど、150mくらい走ったところですかね。パンツびしょびしょなのを我慢できなくなって、履き替えて戻ってきたらもう終わってた。

土屋　漏らしちゃってたのかよ！　もっと酷いことになってんじゃねえか、汚

2017

★2　世界陸上男子200m決勝・サニブラウン、7着に
8月10日、「第16回世界陸上ロンドン大会」にて男子200メートル決勝が行われた。18歳5ヶ月の史上最年少で決勝に進んだサニブラウン・ハキーム（東京陸協）は7位入賞となった。メダルは逃したものの、日本勢の入賞は今大会が初となった。

いな！

塙 明日の400mリレー決勝にジャマイカが残れば、それがボルトの本当のラストランになりますからね。最後の雄姿をしっかりとDVDに焼き付けます。

土屋 目じゃないのかよ！　まぁ、塙さんすぐトイレ行っちゃうから録画したほうがいいけど！

塙 そして、**僕が最も注目してる世界陸上の種目が、24時間マラソンです。**[★3]

土屋 あれ、世界陸上関係ないよ！

塙 今年のランナーは当日発表なんですよね。ネットではいろいろ予想されてますけど。

土屋 りゅうちぇるとか水トアナとかね。塙さんは誰だと予想してるんですか？

塙 ナイツの塙。というか、めちゃくちゃ走りたいんですよね。

土屋 本当かよ！　無理でしょ？　まぁ、選ばれる人は毎年話題になって目立

★3　『24時間テレビ』マラソンランナー
8月26日、日本テレビ『24時間テレビ40 告白～勇気を出して伝えよう～』のチャリティーマラソンランナーが、お笑い芸人のブルゾンちえみに決定したことが番組放送中に発表された。女性ランナーは10人目となる。

ってますけどね。

塙　でしょ？　去年のランナーだって……あれ？　誰だったっけ？　全然思い出せない。

土屋　確かに、1年経つとけっこう名前出てこなくなりますよね。林家たい平師匠ですよ。

塙　林家？　たい平？

土屋　名前聞いてもしっくりこないの、絶対ダメでしょ！　お世話になってんだから！

塙　というか、もう漫才終わりにしていいですか？

土屋　どうしたんですか？

塙　スタミナ切れちゃった。

土屋　そんな奴が24時間走れるか！　いい加減にしろ！　どうもありがとうございました！

引退する安室ちゃんをヤホーで調べました

土屋　おはようございます。ナイツの土屋です。

塙　ナイツの塙です。**歌手の安室奈美恵さんがあと1年で引退することを発表しました。**[★1] 今回の奈美恵ちゃん引退のニュースには日本中が驚きましたよね。ほら、芸能界にも奈美恵ちゃんの熱烈なファンってたくさんいるじゃないですか。

土屋　どうでもいいけど、〝奈美恵ちゃん〟って呼んでるの？　普通、〝安室ちゃん〟じゃない？

塙　ハリセンボン近藤春菜もそうだし、イモトとか木下優樹菜とかね。もちろん一般の方にもファンはたくさんいます。山田に鈴木に田中、高橋、

★1　安室奈美恵、引退発表
9月20日、歌手の安室奈美恵が翌年の9月16日をもって引退することを、公式サイトで発表した。16日にデビュー25周年を迎えた安室は「私が長年心に思い、この25周年という節目の年に決意した事を書きたいと思います」と切り出し、「わたくし安室奈美恵は、2018年9月16日をもって引退することを決意致しましたので、この場を借りてファンの皆様にご報告させていただきます」と綴った。

小林、佐藤……。

土屋　一般人の名字挙げていったらキリがないよ！

塙　今日はそんな安室奈美恵さんのことをインターネットのヤホーで調べてきました。安室奈美恵さんは小学生の時に沖縄アクターズスクールに入学。5人組グループ・スーパーモンキーズを経て、ソロデビューします。そして小室哲哉さんにプロデュースされ、いわゆるコムラーとしてヒット曲を連発しました。

土屋　アムラーみたいに言うな！　小室ファミリーだよ！

塙　僕も好きな曲たくさんあります。「♪CAN YOU CELEBRATE？～」とか、「♪Body Feels EXIT～」とか、「♪NEVER END～」とか……すみません、タイトルは全部わからないんですけど……。

土屋　全部、今歌った部分がタイトルだよ！

塙　そして去年（2016年）は、リオ五輪のNHKテーマソング「Hero」を歌い、オリンピックを盛り上げました。あの曲を聴くと名場面が思い浮かびますよね。というか、僕にとってはむしろ、安室ちゃんこそ金メダリストですよ。

土屋 お！　良いこと言いますね。

塙 興奮したなぁ、安室ちゃんの鉄棒の完璧な着地。

土屋 頭の中でもう選手になっちゃってんの？

塙 安室ちゃんは19歳の時にTRFのダンサー・SAMさんと結婚。サムラーになるも、離婚してしまいました。

土屋 だから、何でもアムラーみたいな言い方するなって！

塙 そのアムラーといえば、90年代、安室奈美恵さんと同じファッションやメイクをする人たちのことをそう呼んだんですけど、社会現象になりましたよね。

土屋 そうでしたね。街中に溢れてましたからね。

塙 本人じゃないかと思うくらい皆見た目が同じなんですよね。茶髪のロン毛、ミニスカに厚底ブーツ履いて。『HEY！HEY！HEY！』とか

土屋　『うたばん』で新曲歌ったりして。それは安室ちゃん本人ですね！　音楽番組出ちゃってるんだから！

塙　それにしてもまだ40歳でしょ。歌も踊りもできるし、人気絶頂の時に引退を決意するのはすごい勇気ですよね。憧れます。実を言うと僕も来年40歳になるんですよ。

土屋　そうですね。

塙　僕も安室ちゃんのマネしちゃおうかな。

土屋　え？　ちょっとやめてくださいよ！　まだ早いですって！

塙　決めた！　僕もミニスカートに厚底ブーツ履く。

土屋　どこマネしてんだよ！　いい加減にしろ！　どうもありがとうございました。

シャンシャンを祝って2回繰り返す漫才

土屋　おはようございます。ナイツの土屋です。

塙　ナイツのノブノブです。

土屋　初めて聞いたあだ名ですね！　今後それでやっていくつもりなのかな……。

塙　すっかり秋でどんどん寒くなっていきますね。早いもので9月ももう終わりですよ。でもそんなこと気にせず、ラスト3ヶ月ガンガンいきましょう！　漫才ジャンジャンやって、笑いをバンバン取って……。

土屋　ちょっといいですか？

塙　何何？

土屋　さっきから繰り返し多くない？　〝どんどん〟とか〝ガンガン〟とか。ほら、〝何何〟もそうだし。最初の〝ノブノブ〟もそうかな。

塙　そんなことより今週、**上野動物園のパンダの名前がシャンシャンに決定しましたね**[★1]。

土屋　それでか！　それで繰り返してたんですね。はい、やっと決まりました。

塙　良い響きですよね、シャンシャン。漢字で書くと、幕下の香富士（かおるふじ）の〝香〟に……。

土屋　いや、正直知らないんで、漢字浮かばないですけど。

塙　香富士の〝香〟。

土屋　同じだからね、漢字2つとも！　2回言われてもわからないんですよ！　香水の〝香〟ね！

塙　応募総数32万以上の中から決めたそうなんですけど、集まった名前の中で最多は「ルンルン」だったそうなんですが、これは中国語で当てはまる漢字がないっていう理由で不採用だったそうなんです。実は日本にい

★1　上野動物園のパンダ、名前決定
9月25日、上野動物園で6月12日に生まれたジャイアントパンダのメスの赤ちゃんの名前を広く募集した結果、ジャイアントパンダ名前候補選考委員会での検討や中国との協議などを経て、「シャンシャン（香香）」に決まったことが発表された。

るパンダって中国からのレンタルなんです。なので、中国語で表記できないとダメという。だから「ルンルン」とか「ぶしゃ★◎▲※…」とかダメなんです。

土屋 それに関しては日本語でも当てはまる漢字、ないよ！

塙 シャンシャンって名前はあの黒柳徹子さんも気に入ってるって言ってましたね。黒柳徹子さんは日本パンダ保護協会の名誉会長で、今回の選考委員会にも参加してますからね。徹子さんといえば、僕たちもお世話になってますよね。先日も『徹子の檻』出させていただいたし。

土屋 『徹子の部屋』だよ！　徹子さんはパンダじゃないですから！

塙 シャンシャンは12月に上野動物園で一般公開される予定なんだそうです。そうなったら行列ができるでしょうね。上野動物園のパンダといえば歴史ありますからね。初来日のカンカンとプンプンから始まって。

土屋 カンカンとランランね！

塙 それ以降は、カリカリにムカムカ、ブーブー。

土屋 1つも合ってないよ！　あと、何で全部怒ってんだよ！

塙 とにかく、公開されたら一度は直接見てみたいですよね。一緒に行きません？　上野の森美術館。

土屋 場所変わっちゃったよ！　パンダいないだろ！

塙 いや、もうパンダとかどうでもいいから、2人っきりで美術館行かない？

土屋 気持ち悪いな！　もういいよ！　どうもありがとうございました。

2017 10.28

ちょいちょいボケが荒っぽいアウトレイジ漫才

土屋　おはようございます。ナイツの土屋です。

塙　塙です。この一週間、いろいろなことがありましたね。いちばん大きなニュースは政治じゃないですか。**安倍さんの解散宣言から勃発した今回の全面戦争ですが**[★1]、当初は新たに立ち上がった小池さん率いる希望の党に命(たま)取られるんじゃないか？　とも思ったけど、結果は自民党が圧倒的な力で縄張り争いに勝利しましたね。

土屋　まぁそうなんですけど、とても政治の話してるとは思えない単語の数々だな！

塙　今回の総選挙で僕が一番注目してた豊田真由子さんですが、落選しまし

★1　衆院選2017、自民党圧勝
10月22日、第48回衆議院議員総選挙が行われ、自民党は公明党と合わせて憲法改正の発議に必要な全議席の3分の2を上回る313議席を獲得して圧勝。野党側は、立憲民主党が55議席を獲得して野党第1党に躍進した。

た。やっぱり、あの秘書への暴言はインパクト強すぎましたからね。「ふざけんな、このハゲこのやろう！　なめんじゃねえぞバカヤロウ」。

土屋　そこまでは言ってないよ！　「このハゲ〜！」でしょ？

塙　**そして総選挙の投開票と時を同じくして行われたのが、村田選手のボクシングです**[★2]。疑惑の判定から5ヶ月。再び同じ相手、エンダムに挑んだタイトルマッチでした。視聴率20％超えましたからね。すごい数字ですよ。チンピラの5人に1人は見てた計算になりますからね。

土屋　チンピラに限定しなくていいだろ！　あと、チンピラはもっと見てそうだけどな！

塙　今回は村田選手がしっかり勝って落とし前つけて、見事WBAの組長になりました。

土屋　チャンピオンだろ！　落とし前って言い方もどうかと思うけど……。

塙　前回は村田選手の判定負けでしたけど、素人目に見ると完全に村田勝利だったと思うんですけどね。現に世界中からブーイングが起こりました。

★2　村田諒太、WBAミドル級王者に
10月22日、WBA世界ミドル級1位で挑戦者の村田諒太が、同級世界王者のアッサン・エンダムに勝利し、日本人2人目のミドル級王者となった。両者は5月の王座決定戦で対戦し、村田が不可解な判定で負けたことが問題となっていた。

でも村田選手は男ですよね。試合後、決して自分が勝ってたとは言いませんでしたから。もちろん心の中では絶対文句あったと思いますよ。「ふざけんな、エンダムこのやろう！　なめんじゃねぇぞバカヤロウ」って。

土屋　さっきの豊田真由子の時とまったく一緒じゃねえか！　何なんだよ、その口調！

塙　**あと今週は、ドラフト会議もありました**[★3]。最大の目玉である清宮君との交渉権を獲得したのは日本ハムでした。あとは清宮君が日ハムと盃を交わすかどうかですけど。

土屋　契約するでいいでしょ？　塙さん、途中から薄々感づいてましたけど、**最近『アウトレイジ』見たろ！**[★4]　完全に影響受けてますよね？

塙　誰が影響受けてんだよバカヤロウ！

土屋　それだよ！　いつまでやってんだよ！　いい加減認めろ！

塙　厳しいな、兄弟。

土屋　誰が兄弟だ！　いつまでやってんだよ！　さっきから延々と！

★3　ドラフト会議、清宮が日ハムに
10月26日、プロ野球の新人選手選択（ドラフト）会議がグランドプリンスホテル新高輪で開かれた。高校通算歴代最多とされる111本塁打を放った早稲田実業の清宮幸太郎内野手は7球団から1位指名され、抽選の結果、日本ハムが交渉権を獲得した。

★4　『アウトレイジ　最終章』公開
10月7日、北野武監督による人気バイオレンス映画シリーズの最新作『アウトレイジ　最終章』が公開された。ヤクザ同士の終わりのない激しい抗争を描いた「アウトレイジ」シリーズは本作で完結となる。

塙　あれ？　兄弟！　もうちょっとオープニング漫才やる時間あるでしょ？

土屋　ディレクターのことも兄弟って呼ぶな！　完全にその世界の呼び方だろ！

塙　おい兄弟！「お義父さん」で今年の紅白出られそうかい？

土屋　それは塙さんの本当の兄弟じゃねえか！

塙　正直影響受けてますよ！　決めた。僕も将来、たけしさんみたいに映画撮ります！

土屋　そうなの？　何か撮りたいものとかあるんですか？

塙　漫才協会会長の座を狙った、血で血を洗う抗争を描いたドキュメンタリー映画。

土屋　漫才協会、そんな怖くないよ！　いい加減にしろ！　どうもありがとうございました！

「日馬富士か！」

土屋 おはようございます。ナイツの土屋です。

塙 塙です。昨日の夜ね、現実じゃありえないだろっていう、酷い夢見ちゃったんですよ。

土屋 そうなんですか？

塙 その夢の内容っていうのが……浅草で寄席終わりに芸人仲間で飲んでたんですけどね。突然、U字工事の益子君が僕に「もうナイツの時代ではない」って言ってきたんですよ。ムカついちゃって、そこから説教タイム。ねづっちにまで「お前がしっかり指導しないからだ！」って怒鳴っちゃって。そしたら、説教中にもかかわらず益子君がスマホいじり出したから、ついビール瓶で殴っちゃったんですよ。止めに入ったロケット団まで突き飛ばして。そんなことがあったにもかかわらず、翌日にはU字工事、営業で普通に舞台に立ってるっていう夢。ないない！

土屋 ほぼ同じようなこと、あったよ！ 完全に日馬富士（はるまふじ）のニュースの影響で見た夢だろ！

塙 そこで夢から覚めて、時計見たらいつもより1時間遅くて。やばい！ 遅刻する、って思って慌てて伊勢ヶ濱部屋から飛び出ましたよ。

土屋 日馬富士か！ 普通に塙さんの部屋から出たんでしょ？

塙 **日馬富士が貴ノ岩に暴行したことが発覚して問題になってるんですが、**[★1]ビール瓶を使ったか使ってないかなど意見が食い違っていて、まだ真相がわからないので、**『M-1グランプリ』の話でもしませんか？**[★2] 決勝のメンバーが発表されたし。実力者揃いですけど、僕が注目してるのは2度目の決勝となるカミナリですかね。あのドツキ漫才は去年の『M-1』でインパクトを残しましたよね。説教中スマホいじり出したまなぶ君に対

★1 日馬富士暴行事件
11月29日、10月の巡業中に鳥取市内で貴ノ岩関への暴行問題を起こした横綱・日馬富士関が現役を引退、不祥事の責任を取る形となった。事件は酔った日馬富士が話している最中、スマートフォンをチラリと見る貴ノ岩の仕草に怒りを爆発させたことが発端。ビール瓶や灰皿などで何度も殴ったという。

★2 『M-1グランプリ2017』
11月15日、『M-1グランプリ2017』の決勝進出者が発表され、ジャルジャル、かまいたち、カミナリ、マヂカルラブリー、ミキ、さや香、とろサーモン、和牛、ゆにばーすに決まった。

して、たくみ君がおもいっきりぶん殴るんですよね。

土屋 日馬富士か！　ボケに対してツッコんでるだけだよ！

塙 会見では、「グレープカンパニーはサンドウィッチマンじゃねえ、俺たちだ！」なんて言って、気合い入ってました。

土屋 サンドウィッチマンは同じ事務所の先輩なんですよね。

塙 その後、酒の席でサンドウィッチマンにぶん殴られたらしいですけどね。

土屋 日馬富士か！　塙さん、俺今日、「日馬富士か！」的なツッコミしかしてないんですけど。

塙 そうですよ。今日は「日馬富士か！」とだけつっこんでくれればいいです。

土屋 あ、なるほど。今日はそういう漫才ね。わかりました。

塙 それから僕にとって、相撲やお笑いと同じくらい興味あるニュースなんですけどね、**ダ・ヴィンチの幻の作品がオークションで美術作品として史上最高額で落札されました**[★3]。

★3　ダ・ヴィンチ、史上最高額で落札
11月16日、イタリア・ルネサンス期の巨匠、レオナルド・ダ・ヴィンチがキリストを描いた油絵がニューヨークで競売に掛けられ、手数料と合わせて約4億5000万ドル（約508億円）という、美術品として史上最高額で落札された。

土屋　約508億円ですよね。でも塙さん、そんなに美術に興味ありましたっけ？

塙　まあ、僕も15歳の時にモンゴルで個展開いてますから。

土屋　日馬富士か！　……日馬富士、そんなことやってたの？

塙　そうですよ。モンゴル時代、美術学校に通ってて、めちゃくちゃ絵、うまいですから。

土屋　相撲好きにしかわからないボケ、やめてもらえます？

塙　わかったよ！　じゃあ、ガントルガ・ガンエルデネの好きにツッコめよ！

土屋　日馬富士か！

塙　あ、違います。照ノ富士の本名です。

土屋　知らねえよ！　いい加減にしろ！　どうもありがとうございました。

今年の漢字「北」がしっくりきません

土屋 おはようございます。ナイツの土屋です。

塙 おはようございます。名字を漢字一文字で表すと、塙です。

土屋 普通にいつも、塙でしょ？

塙 **今週、毎年恒例の「今年の漢字」が京都の清水寺で発表されましたね。**[★1] 今年の漢字は、「戦(たたかう)」でした。

土屋 それは松居一代さんの今年の漢字だよ！　離婚会見で言ってたけど！ 今年の漢字は「北」でしたから。

塙 北朝鮮が世界を騒がせましたからね。あとはキタサンブラックの活躍もありました。そういう意味では、土屋君なんて今回の漢字は納得なんじ

★1　2017今年の漢字「北」
12月12日、日本漢字能力検定協会は京都・清水寺で「今年の漢字」を「北」と発表し、森清範貫主が揮毫した。北朝鮮の動向や北海道産じゃがいもの供給不足、7月の九州北部豪雨などの影響で選ばれた。

やないですか？

土屋 ホントにそうですね～！

塙 北朝鮮大好き芸人ですもんね。

土屋 競馬のほうだよ！

塙 北朝鮮といえば、**北朝鮮芸人のジャングルポケット斉藤と北朝鮮アイドルの瀬戸サオリさんが結婚しましたね**[★2]。

土屋 塙さんの中で完全に北朝鮮と競馬が入れ替わっちゃいましたね……。

塙 おめでとう！　北朝鮮だけに、ウマが合ったんでしょうね。

土屋 それはどういうつもりで言ってるんだよ！

塙 にしても、今年の漢字……「北」はどうかなぁ。僕的にはしっくりこないんですよね。

土屋 そうなんだ？　じゃあ塙さんが思う今年の漢字は？

塙 んー、もうちょっと考えさせてもらっていいですか？

土屋 まぁいいですけど。

★2　ジャングルポケット斉藤、結婚
12月12日、お笑いトリオ・ジャングルポケットの斉藤慎二とタレントの瀬戸サオリが入籍したことを、双方のツイッターで発表した。斉藤は「いつも周りの先輩方に助けられてばかりで未熟な芸人ですが、私生活では彼女の事を守っていけるよう頑張ります！」と綴った。

塙　漢字の話はいったん置いといて昨日の離婚会見の話に戻しますけど、驚きましたね。**ついに、「棒」と「崖」の離婚が成立しました。**[★3]

土屋　松居一代さんと船越英一郎さんのことを漢字一文字で表すな！　松居棒と、2時間サスペンスの崖のシーンのことなんだろうけど！

塙　会見で松居さんは船越英一郎さんのことを「大っ嫌い」って言っていました。やっぱり夫婦関係って難しいですよね。かつては芸能界きってのおしどり夫婦で、YouTubeで「バイアグラ男」なんて呼んでた頃もあったのに。

土屋　その時はすでに大嫌いだったろ！　もっとさかのぼらないと！

塙　[★4]**夫婦の話といえば、太川陽介さんの妻、藤吉久美子さんの不倫報道ですよね。**太川さん、会見では「信じる」とか「僕が守る」って言ってて、カッコよくないですか？　僕、細川さんの見方がガラッと変わっちゃいました。

土屋　太川さんだろ！　名前の漢字がガラッと変わってるよ、「太」から「細」

★3　松居一代・船越英一郎、離婚成立
12月13日、俳優の船越英一郎とタレントの松居一代の調停離婚が成立した。15日、会見に応じた松居は「未来の扉が開いた」「本当にうれしい」などと喜び、慰謝料、財産分与がないことを伝え、ガッツポーズで〝勝利宣言〟した。

★4　太川陽介妻、不倫騒動
12月14日、「週刊文春」で、俳優・歌手の太川陽介の妻である女優の藤吉久美子が、朝日放送の既婚男性プロデューサーとのダブル不倫疑惑が報じられた。太川は会見で「妻を信じる」「離婚はしない。僕が守る」と男気を見せた。

に！

塙　それにしても今回〝絆〟って大事だなって思いました。太川夫婦の〝絆〟。松居一代さんのところももっと〝絆〟があればあんなことにはならなかったんだろうなって。うちの夫婦ももっと絆を大事にしようと思いました。あ！　今、僕の今年の漢字決まった！

土屋　お！　何ですか？　だいたいわかるけど。

塙　やっぱり僕も「北」で。

土屋　「絆」っぽい雰囲気出すなよ！　いい加減にしろ！　どうもありがとうございました。

NISSAN

ON AIR

2018

2018年　おもなできごと

1月
○小室哲哉、引退表明
○着物レンタル「はれのひ」突然閉鎖
○栃ノ心、大相撲初場所で初優勝

2月
○平昌オリンピック、日本冬季最多13メダル獲得
○羽生結弦、フィギュア男子フリー連覇達成
○カーリング女子、大人気に

3月
○森友学園問題、文書改ざん発覚
○日本レスリング協会パワハラ問題
○イチロー、マリナーズに復帰

4月
○南北首脳会談、実現
○松山刑務所から受刑者脱走、広島で逮捕
○福田淳一財務次官、セクハラ疑惑で更迭

5月
○日大アメフト部危険タックル問題
○映画『万引き家族』カンヌ映画祭最高賞受賞
○西城秀樹、死去

6月
○米朝首脳、史上初の会談実現
○「18歳成人」改正民法成立
○サッカーW杯、日本決勝トーナメント進出

7月

○西日本豪雨、死者220人超

○オウム事件、松本智津夫ら元幹部の死刑執行

○カジノ法案成立

8月

○私大医学部で不正入試発覚

○山口の行方不明2歳児を捜索ボランティア男性が発見

○さくらももこ、死去

9月

○大坂なおみ、全米オープン優勝

○北海道で震度7の地震

○安室奈美恵、引退

10月

○本庶佑教授、ノーベル生理学・医学賞受賞

○貴乃花親方、退職

○沢田研二、コンサート中止騒動

11月

○カルロス・ゴーン、金融商品取引法違反容疑で逮捕

○大谷翔平、米大リーグメジャー新人王に

○2025年万博、大阪で開催決定

12月

○流行語大賞、「そだねー」に

○今年の漢字、「災」に

○山手線新駅名、「高輪ゲートウェイ」に

けじめとして小室ファミリーをボケながら振り返る

土屋 おはようございます。ナイツの土屋です。

塙 ナイツの塙です。またしても、文春手裏剣が突き刺さりましたね。

土屋 初めて聞く表現だよ！　普通、文春砲でしょ？　武器がしょぼくなったな。

塙 今週、「週刊文春」がＴＫこと小室哲哉さんの不倫疑惑を報じました。[★1]

土屋 昨日記者会見で、「けじめとして引退を決意した」と発表しましたね。

塙 ということで今日は、小室哲哉さんのことをヤホーで調べてきたんで、僕なりのけじめとして、ボケながら発表させていただきます。小室哲哉さんは、１９５８年に東京で生まれ、その後、小・中・高・大・Ｔと進

★1　小室哲哉、引退発表
1月19日、「週刊文春」で看護師との不倫疑惑が報じられた音楽プロデューサーの小室哲哉が記者会見で、騒動の責任を取る形での引退を宣言した。妻であるｇｌｏｂｅのボーカル・ＫＥＩＫＯがくも膜下出血になって以来、献身的にリハビリを助けており、自身も突発性難聴に苦しんでいる現状を告白。報道にあった看護師の女性と男女関係にあることは否定したが、自分の部屋で一緒に寝たことは認めた。

み……。

土屋 〝T〟って何だよ！

塙 TM NETWORKですけど。

土屋 当たり前のように〝T〟って略すな！

塙 TM NETWORKは、小室哲哉さん、宇都宮隆さん、その他もう1人の男性の、3人からなる音楽ユニットで……。

土屋 木根尚登さんね！　名前言ったほうが文字数少ないだろ！

塙 代表曲「ゲスとWild」は大ヒットしました。

土屋 「Get Wild」だよ！　不倫のこと、歌った曲じゃないですから！

塙 その後、小室哲哉さんは音楽プロデューサーとしての活動を中心にしていきます。小室ファミリーはものすごいメンバーがいますよね。globeのKEIKOさんとか、小室哲哉さんのご両親とか。

土屋 それ、ホントのファミリーだろ！

塙 すごいんですから、あの両親。だって、あの小室哲哉を育ててるんですから。

土屋　それはすごいけど！　小室哲哉さんがプロデュースした歌手のことですよ！

塙　そんな小室ファミリーの歌手たちを紹介していきます。まずは「TRF」。メンバーは、ボーカルのYU－KIさん、DJ KOOさん、ダンサーのSAMさんとCHIHARUさんと、その他もう1人の女性の、5人組音楽グループです。

土屋　だから、1人だけ言わないの、やめてあげて！

塙　それから「globe」は、マーク・パンサーさんと他2名の、3人組ユニットですね。

土屋　言いづらいけど、省くならマーク・パンサーさんじゃない？　KEIKOさんと小室さんね。

塙　小室ファミリーといえば、美人な人が多いですよね。華原朋美さんにせよ、鈴木亜美さんにせよ。歌手としてだけじゃなく、女性としても超人気でしたから。一方で、曲は売れたけど顔はブサイクだな〜、って人もいました。例えば……。

土屋 それ、具体名出すんですか⁉

塙 ダウンタウンの浜田さん。

土屋 「H Jungle with t」やってましたけど！　顔が美人かどうかで見てる人いないよ！

塙 あと、今は女優として大活躍してる篠原涼子さんも一時期、小室ファミリーとして活動してましたからね。僕、めちゃくちゃ好きな曲が3曲あるんですよ。「愛しさと」「せつなさと」「心強さと」っていう3曲。

土屋 それで1曲なんだよ！

塙 そんなわけで、これまでの音楽活動お疲れ様でした、武田鉄矢さん。

土屋 人、変わっちゃってるよ！　もういいよ！　どうもありがとうございました。

2018 02.17

平昌オリンピック、メダリスト人それぞれ

土屋　おはようございます。ナイツの土屋です。

塙　塙です。平昌オリンピック、日本人選手が続々とメダルを獲得してますね。**スノーボード男子ハーフパイプでは平野歩夢（あゆむ）選手が銀メダル。**★1 おめでとう！　ただ、やっぱり金メダルをとったのは、絶対王者のショーン・コワイトでしたね。強い！

土屋　うん。ショーン・ホワイトね。

塙　だって、今回のオリンピックでショーン・コワイト、自称3度目の金ですよ。

土屋　自称じゃなくて本当に3度目だよ！　あと、またコワイトって言ってる

★1　スノーボード男子ハーフパイプ・平野歩夢、銀メダル
2月14日、平昌五輪・スノーボード男子ハーフパイプ決勝が行われ、前回ソチ五輪銀メダルの平野歩夢選手は95・25点の高得点をマーク。アメリカのショーン・ホワイトに次ぐ2位に入り、冬季五輪で2大会連続となる銀メダルを獲得した。

よ！　ホワイト！

塙　あ、ホワイトなんだ！　じゃあ、ショーンKじゃないじゃん！

土屋　勝手にショーンKにすんな！　3連覇は詐称してませんから！

塙　**スキー女子ジャンプでは高梨沙羅選手が3位。**[★2]ソチの雪辱を果たしましたけど……。今回の水色の紐もすごいけど、本当はもっと良い色の紐を期待しちゃいましたよね。

土屋　それを言うならメダルの色でしょ？　紐の色はみんな一緒だよ！

塙　それから、**スピードスケート女子1000mは日本勢が活躍しましたね。**[★3]小平市の奈緒さ〜ん。銀メダル、おめでとうございま〜す。送っときま〜す。

土屋　小平奈緒さんだよ！　ラジオでプレゼント当たった人みたいになってるよ！

塙　そして銅メダルをとったのが高木美帆選手。この種目で、表彰台に日本人女子が2人立つのは初めてなんですって。見た感じ、もうちょっと詰

2018

★2　スキー女子ジャンプ・高梨沙羅、銅メダル
2月12日、平昌五輪・ノルディックスキー・ジャンプ女子が行われ、1回目103・5メートルで3位につけた高梨沙羅選手は、2回目も103・5メートルとし、銅メダルを獲得。この種目で日本勢がメダルを手にするのは初めて。

★3　スピードスケート女子1000m・小平奈緒、銀メダル&高木美帆、銅メダル
2月14日、平昌五輪・スピードスケート女子1000メートルが行われ、世界記録保持者の小平奈緒選手が1分13秒82で銀メダル、1500メートル銀メダルの高木美帆選手が1分13秒98で銅メダルを獲得した。

めれば、あと2～3人乗れそうですけどね。

土屋　スペースの問題じゃないんだよ！　メダルとらないとあそこには登れないの！

塙　[★4]**そして昨日は注目のフィギュアスケート男子ショートプログラムが行われました。**羽生選手は故障からの復帰初戦ということで、怪我の治り具合が心配されてましたが、結果は、ノーミスで1位。右足首のケガを一切感じさせない圧巻の演技でしたよね。

土屋　そうでしたね！

塙　演技の後の歓声もすごかったですね。ファンから大量のくまのプーさんのぬいぐるみがリンクに投げ込まれました。右肩のケガを一切感じさせない投げでしたよね。

土屋　それ、誰のことなんだよ！

塙　そんな中、問題になってるのが平昌の強風ですよ。[★5]**特に酷かったのがスノーボード女子スロープスタイルの決勝。**激しい風が吹き荒れるなか行

★4　フィギュアスケート男子・羽生結弦、金メダル
2月17日、平昌五輪・男子フィギュアスケートが行われ、羽生結弦選手がショートプログラムとフリーの得点合計317・85点で1位となり金メダルを獲得、2連覇を果たした。オリンピック男子フィギュアスケートでの連覇は1952年以来。

★5　スノーボード女子競技中に強風
2月11日、平昌五輪では

われた決勝では、ほとんどの選手が転倒してました。

土屋 かわいそうでしたね。開催地としてふさわしくないんじゃないか、なんて声もあるみたいですね。

塙 見てて思ったんですけど、ふだんの3割増しでキレイに見えますよね。

土屋 不謹慎だな！　そんなこと思ってたの？　確かに昔からゲレンデの女子は3割増で魅力的に見えるっていいますけど。

塙 やっぱり女性の転んだ姿はかわいいですよね。

土屋 そっち？　スキーウェアじゃなくて⁉　変わった趣味あるんですね！

塙 特に、熟女がつまずいた姿なんて、最高ですよ。

土屋 それ以上変な性癖聞きたくないよ！　いい加減にしろ！　どうもありがとうございました。

強風でアルペンスキー・男子滑降が延期、スノーボード・女子スロープスタイル予選が中止になった。強行開催した競技でも、風に翻弄されて勝負技を繰り出せないなどの影響が出ていた。

2018 02.24

「そだねー」

土屋　おはようございます。ナイツの土屋です。

塙　ナイツの塙です。**平昌（ひらまさ）オリンピック**[★1]**も間もなく終わっちゃいますね。**

土屋　平昌（ピョンチャン）だよ！　終わり際になってもまだ読めないんですか？

塙　いや〜、羽生結弦選手、お疲れ様でした！　あんな大ケガから復帰しただけでも全然すごいって。羽生選手の記録より記憶に残る演技を、しっかり目に焼き付けました。

土屋　塙さんの中で羽生選手、メダル逃してます？　思いっきり金メダルとりましたから。

塙　づる！　おめでとう！

★1　平昌オリンピック、閉幕　2月25日、韓国・平昌にて「第23回冬季オリンピック競技大会」の閉会式が行われ、17日間の全競技を終えた。日本は金メダル4、銀メダル5、銅メダル4と合計13個のメダルを獲得。冬季オリンピックにおける最多メダル数となった。

土屋　「ゆづ」ね！　ズルしてメダルとったわけじゃないですよ！

塙　そして、**スピードスケート女子団体パシュートも金メダルを獲得しましたね。**[★2]高木美帆選手とそのお姉さんの菜那選手の高木姉妹、すごかったですね。だって、これまでに兄弟とか姉妹揃ってオリンピックに出た人なんていいます？

土屋　けっこういますよ。

塙　いや、日本人で、ですよ？

土屋　日本人でも、けっこういますね！

塙　あ、名字が高木で、ですよ？

土屋　どんどんせばめていくな！　それはさすがにいないけど。

塙　決勝の滑りですけどね、本当に素晴らしかったですよ。前の選手のお尻にくっつくようにして空気抵抗を最大限に抑えての滑りができてましたからね。

土屋　あ、塙さん、パシュートに詳しいんですね。

★2　スピードスケート女子団体パシュート、金メダル
2月21日、平昌五輪・スピードスケート女子団体パシュート・団体追い抜き決勝が行われ、日本はオランダを破って、金メダルを獲得した。日本は高木美帆、高木菜那、佐藤綾乃、菊池彩花の4人で臨んでいた。

塙　肛門(こうもん)見えても、ちゃんと勉強してますから。

土屋　こう見えても、ね！　今それを言うと、前の選手の肛門見えてるみたいになるから！

塙　そうですね！　残念ながら昨日の準決勝では韓国に負けちゃいましたけど。

土屋　**あと、注目されてた競技といえば、女子カーリング[★3]じゃないですか。**

塙　カーリングは〝氷上のチェス〟とも呼ばれてるように、かなり高度な戦略が必要なんだそうですけど……カーリング見てます？

土屋　見てますよ。面白いですよね。

塙　僕、ルールを全然理解してないんで、見てても面白さが全然わからないんですよね。何でルンバの前をブラシでゴシゴシしてるんですか？

土屋　あれ、ルンバじゃなくてストーンだよ！　あの人たち、掃除してるわけじゃないから！

塙　試合のハーフタイムにお菓子を食べる〝おやつタイム〟も注目されてま

★3　女子カーリング、銅メダル
　2月24日、平昌五輪・カーリング女子の3位決定戦が行われ、日本代表「LS北見」がイギリスに5－3で勝利し、銅メダルを獲得した。日本カーリング史上、オリンピックで初めて手にした歴史的なメダルとなった。

すよね。

土屋 そうですね。カーリングは試合中、かなり頭も使うから、糖分が必要みたいですね。

塙 そんなこと言ったら、漫才中だってそうとう頭使いますからね。僕だって食べたいですよ。よし、今からカニ鍋用意して！

土屋 食べるの、めちゃくちゃ時間かかりそうだな！

塙 そだねー。

土屋 選手たちが使ってる方言使うな！　もういいよ！

塙 そだねー。

土屋 本当にもういいよ！

塙 本当に……そだねー！

土屋 一生終わらないよ！　いい加減にしろ！　どうもありがとうございました。

当事者と同じ状況で知る芸能ニュース

土屋　おはようございます。ナイツの土屋です。

塙　おはようございます。森友学園の籠池です。

土屋　ナイツの塙さんでしょ⁉

塙　そうですよ。誰だよ！　台本の文書、書き換えたの！

土屋　誰も書き換えてないよ！　**森友文書改ざん問題[★1]、大変なことになってますけど。**

塙　それより、今週は芸能ニュースが盛りだくさんだったんでどんどんいきますよ。**始球式[★2]を行ったタレントの稲村亜美ちゃんが、周りを囲んでいた中学生の選手たちにもみくちゃにされたニュースを新聞で読みました**

★1　森友学園公文書改ざん問題
3月2日、朝日新聞は、前年に発覚した学校法人「森友学園」への国有地取引問題に関して、財務省が作成した土地取引に関わる決裁文書が契約当時の文書と国会議員らに開示した文書とで内容が異なることを伝え、問題発覚後に文書が書き換えられた疑いがあると報じた。

★2　稲村亜美、始球式で騒動に
3月10日、タレントの稲村亜美が神宮球場で行われた日本リトルシニア中学硬式野球協会関東連盟の開会式を締めくくる始球式に登板。美しいフォームを披露したが、感激した球児たちに取り囲まれるハプニングが発生し、ネット上でも騒ぎになった。

けど、かなり大変でしたね、満員電車で読んだから新聞ぐしゃぐしゃになっちゃって。

土屋　あ、塙さんが大変だったんですね。塙さんもその時、もみくちゃだったんだ！

塙　あと、**元モーニング娘。の矢口真里さんが再婚するんですよね、**[★3]っていうニュースを、クローゼットの中で隠れてる時に知りました。

土屋　何から隠れてたんだよ！

塙　それから、僕がカラスに襲われてる時に知ったニュースなんですけどね。

土屋　塙さん、そんな目に遭ってたんですか？

塙　**カラスに襲われてた野生のスズメを保護して飼育していることが、法律違反だと指摘されたモト冬樹さんが話題になりましたね。**[★4]

土屋　良いこととしたのにかわいそうですよね。あと、カラスに襲われた塙さんも大変でしたね。

塙　そうですよ。土屋君が料理番組に出たり、料理本書いてる時にそんなこ

2018

★3　矢口真里、再婚
3月13日、元「モーニング娘。」のタレント、矢口真里と交際中の一般男性が結婚することがわかった。約4年の交際を実らせてのゴールイン。矢口は2013年に不倫行為が原因で前夫と離婚して以来の再婚となる。

★4　モト冬樹、スズメ飼育で法律違反
3月13日、タレントのモト冬樹がテレビ朝日系『グッド！モーニング』で、野生のスズメを保護し、育てていることをブログで報告したところ、違法行為であると一部週刊誌に報じられたことを受け、東京都から違法を知らせる通知が届いたことを明かした。

とがありました。

土屋　そんなことしてないよ！　俺、グッチ裕三さんじゃないですから！　料理得意じゃないし。

塙　ツッチさん、そうなの？

土屋　グッチさんみたいに言うな！

塙　それから、ちょうど講談社に殴り込みに行く途中に知ったニュースですけど……。

土屋　**たけしさん独立のニュースでしょ？**[★5]　塙さん、「FRIDAY」に何も撮られてないだろ。というか、何ですべて当事者と同じような状況でニュースを知るんだよ！

塙　ダンカンさん、バカヤロウ！

土屋　モノマネしなくていいよ！　あと、「ダンカンさん」って言っちゃったら、それはもう、塙さんがバカヤロウって言ったことになっちゃいますよ!?

塙　あと、不倫相手を家に連れ込んでる時に知ったニュースなんですけどね。

★5　ビートたけし、事務所独立
3月14日、お笑い芸人・映画監督のビートたけしが、3月いっぱいで自身の事務所「オフィス北野」を退社し、独立することがわかった。4月以降は、新会社「T.Nゴン」に移ることになった。

土屋　もう、それやめて！

塙　**高橋由美子さん[★6]の不倫のニュース、見ました？**

土屋　見たけど、塙さんの不倫発表のせいで、そのニュース頭に入ってこないよ！

塙　でもその後、奥さん帰ってきちゃって、慌ててクローゼットに隠れましたけど。

土屋　それでクローゼットに隠れたのね！　というか、不倫してないでしょ？　そこはちゃんと不倫否定しとかないと……。

塙　当たり前じゃないですか。実際は奥さんと仲良く一緒にニュース見てましたから。

土屋　あ〜、よかった。

塙　奥さん、ちゃんと僕の胸ポケットに入ってましたから。

土屋　それは『南くんの恋人』だろ！　高橋由美子さんの代表作のドラマの！　もういいよ！　どうもありがとうございました。

★6　高橋由美子、不倫騒動
3月14日、女優の高橋由美子が妻子ある40代の一般男性と不倫しており、男性の妻が「あなたが家庭を壊した」と告発する記事が、「週刊文春」に掲載された。高橋は4月30日付けで所属事務所「コニイ」を離れ、新しい芸能プロダクションに移籍した。

池の水ぜんぶ抜く漫才

土屋　おはようございます。ナイツの土屋です。

塙　ナイツの塙です。今週も芸能界は結婚ラッシュでおめでたいですね。**ま**[★1]**ずは、プロレスラーのLiLiCoさんが結婚しました。**

土屋　〝プロレスラー〟って紹介はどうかと思いますよ？　確かにちょいちょい出てるけど！

塙　お相手は歌謡グループ・純烈（じゅんれつ）のメンバー、小田井（おだい）涼平さん。純烈はふだん、スーパー銭湯で公演する「銭湯アイドル」として人気のグループなんですよね。LiLiCoさん、やりましたね〜！　銭湯のお湯ぜんぶ抜きやがって！

★1　LiLiCo、結婚　4月2日、タレントのLiLiCoと歌謡グループ「純烈」のメンバーの小田井涼平が、フジテレビ系『ノンストップ！』出演中に結婚を発表。事前に聞かされていなかった共演者たちから驚きの声が上がった。

★2　森泉、結婚　3月31日、モデルでタレントの森泉が一般男性と入籍したことを、所属事務所を通して報告した。発表時にはすでに妊娠5カ月に入っており、6月19日に第一

土屋 意味わからないよ！「池の水ぜんぶ抜く」っぽく言ってるけど。

塙 それから、**モデルの森泉さんも結婚したことを発表しました。**[★2] お相手は一般人だそうですが、すごくないですか？ 一般人があの森泉さんを落とすなんて。まったく、泉の水ぜんぶ抜きやがって。

土屋 何なの？ それ。その表現、合ってるんですか？

塙 あ、間違えました。森の木、ぜんぶ抜きやがって！

土屋 どっちも同じだよ！

塙 **あと、お笑いコンビのハイキングウォーキングね。**[★3] 2人とも再婚ですって。コーラの炭酸ぜんぶ抜いてやろうかな。

土屋 炭酸抜いたら山手線の駅名、ぜんぶ言えちゃいますから！ もう、ぜんぶ抜くのやめて！

塙 話題は変わって、**エンゼルスの大谷選手が初登板で初勝利を挙げました。**[★4] さらに、2試合連続でホームランも打つし。谷ってますよね。

土屋 初めて聞いたよ！「神ってる」ならよく聞きますけど！

子を出産した。

★3 ハイキングウォーキング、再婚
4月5日、お笑いコンビ「ハイキングウォーキング」の松田洋昌が自身のブログで再婚と「子宝にも恵まれております」と報告した。また、相方の鈴木Q太郎も、沖縄出身の看護師と同月31日を目標に再婚することを発表した。

★4 大谷翔平、エンゼルス初登板で初勝利
4月1日、米大リーグのエンゼルスに移籍した大谷翔平投手は、アスレチックス戦に先発で初登板し、6回被安打3でリリーフに託した試合はエンゼルスが7－4で勝利した。

塙　大谷選手が初ホームランを打った後、ベンチに戻った時にチームメイトから無視されてたじゃないですか。メジャーリーグをあまり見ない人は知らなかったかもしれないけど、あれは「サイレント・トリートメント」っていう儀式なんですよね。

土屋　そう。初ホームランを打ったルーキーに対して、わざと無視してその後祝福するっていう、メジャーリーグではお決まりの風習なんですよね。

塙　あれ、なんかいいですよね。漫才協会でも取り入れようかな。浅草・東洋館で、初めてホームラン級の大ウケした芸人が、楽屋に帰ってきたら無視するんですよ。

土屋　あ〜、なるほどね。

塙　よし、来週からやろう。あ〜、師匠たち、早く人生初の笑いのホームラン打たないかな。

土屋　若手にやるんじゃないのかよ！　師匠は昔から大ウケし続けてるよ！

塙　それにしても、大谷選手、前のところから独立して大成功してますよね。

土屋 清宮君をはじめ、軍団のメンバーも喜んでるし。

塙 軍団とはいわないよ！　独立とか、たけしさんの騒動じゃないんだから！

土屋 それね、オイラがいちばん心配してるニュースなんですけど、**たけしさん[★5]の独立騒動が連日世間をにぎわせてます。**

塙 ふだん、オイラとか言ってねえだろ。

土屋 たけし軍団のメンバーと、オフィス北野の森社長が対立する形になっています。

塙 そうですね。今後どうなっていっちゃうんでしょうね。

土屋 最悪の場合……森の木、ぜんぶ抜かれちゃうんじゃないですか？

塙 それ今日2度目だよ！　いい加減にしろ！　どうもありがとうございました。

★5　オフィス北野分裂騒動　4月9日、ビートたけしの独立騒動についてオフィス北野の森昌行社長が報道各社にファクスで「たけし軍団」との間に起こった内紛に終止符を打ち、協力して新体制を築いていくことで合意したと発表した。後に森は社長を辞任、所属タレントのつまみ枝豆が新たに社長に就任した。

2018 04.28 未成年女子に無理やりチュー!?

土屋 おはようございます。ナイツの土屋です。

塙 ナイツの塙です。は〜、無期限謹慎ですか。17歳の女子高生を相手にして……。何やってんだよ、狩野！

土屋 今さら狩野英孝のことかよ！　去年そんなことあったけど。違う人でしょ？

塙 いや、狩野メンバーのことですよ。

土屋 あいつピンだから、メンバーとはいわないよ！　完全に山口達也さんのことでしょ？

塙 **TOKIOの山口達也さんが女子高生に無理やりキスしたとして書類送**[★1]

★1　TOKIO山口達也、無期限謹慎
4月26日、女子高校生に対する強制わいせつの疑いで書類送検されたアイドルグループ「TOKIO」の山口達也が記者会見を開き、芸能活動の無期限謹慎を伝えた。報道によると山口は泥酔状態で自宅で未成年女子2人に飲酒を勧めたり無理やりキスをするなどの行為に及んだという。5月6日には本人の意向でTOKIOとジャニーズ事務所からの脱退が発表された。

検されました。芸能活動を無期限謹慎するとのことですが、山口達也さんといえば、レギュラー番組をたくさん持っていますから、多くの影響が出ていますね。

土屋 そうですね。『ザ！鉄腕！DASH!!』とか『幸せ！ボンビーガール』とか人気番組、多いですよね。

塙 すべての番組に出なくなることになったら、収入もなくなるだろうから今後生活もガラッと変わるでしょうね。家賃の安いアパート探したり、村で農作業したりね。

土屋 そう言うと今とあんまり変わらないよ！『ボンビーガール』と『鉄腕DASH』みたいな！

塙 話、ガラッと変わっていいですか？今週僕ら1日、お休みがあったじゃないですか。

土屋 本当にガラッと変わりましたね！そうですね。休みの日、ありました。

塙 その日って何してました？僕は、未成年の女子に無理やりキスしてた

2018

んですけど……。

土屋 話、変わってないよ！　山口さん、イジってますよね？

塙 いや、マジの話。

土屋 マジの話だとしたら、絶対言っちゃダメでしょ!?

塙 最近、僕の1歳の娘がパパのこと嫌がるんですけど、無理やりチューしたって話ですよ。

土屋 1歳の娘のことを未成年の女子っていうな、まぎらわしい！　世の中のパパのあるあるですけどね。あ、僕も休みの日は子供と遊んでましたよ。たまには奥さんを休ませてあげて、僕が一日中面倒見てましたね。

塙 偉いですね。それは、水かけ姫も喜んだでしょ？

土屋 人の奥さん、水かけ姫って呼ぶな！　**大韓航空のパワハラ騒動[★2]、問題になってますけど。**

塙 **韓国といえば昨日、南北首脳会談[★3]が行われました。**午前9時30分、文在寅大統領と金正恩が、軍事境界線をはさんで握手する瞬間を生中継しま

★2　大韓航空パワハラ事件
4月22日、大韓航空の趙顕玟専務が会議で腹を立て同僚の顔にコップを投げつけたとされる問題で、父親で大韓航空を傘下に置く財閥韓進グループの趙亮鎬会長は、同専務のグループ全役職からの辞任を発表した。

土屋 した。なんかニュース番組見てて、その歴史的な場面に「ビビッと」きちゃいましたよね。

塙 どのチャンネルか何となくわかっちゃいましたけどね。6なんでしょうね。

土屋 なんか、見てて心が「スッキリ」したというか。

塙 あ、やっぱり4のほうかな。

土屋 金正恩も、歩み寄ったほうが「得だね」って思ったんでしょうね。

塙 やっぱり8か！　結局、どれ見てたんだよ！

土屋 ザッピングしながら見てたんですよ！　今回の首脳会談のポイントは非核化ということで、番組も、「比較(ひかく)」しながら見てました。

塙 うまい！

土屋 根津俊弘(ねづとしひろ)です！

塙 せめて「ねづっちです」だろ！　本名言うな！　どうもありがとうございました！

★3　**南北首脳会談**
4月27日、韓国の文在寅大統領と北朝鮮の金正恩朝鮮労働党委員長が、板門店の韓国側施設「平和の家」で第3回南北首脳会談を行った。北朝鮮の首脳が軍事境界線を超えて韓国側入りしたことは史上初。互いに「パンムンジョム宣言」と名付けた共同宣言に署名、北朝鮮の核問題について「南北は完全な非核化を通じて、核のない朝鮮半島を実現するという共通の目標を確認した」とした。

2018

2018
05.19

悪質タックルを食らうほどの衝撃ニュース

土屋　おはようございます。ナイツの土屋です。

塙　ナイツの塙です。今週話題になったニュースといえば、アメフトじゃないですか。

土屋　**日大アメフト部の部員が背後からタックルした問題ですよね。**[★1]

塙　何でだよ！

土屋　何がですか!?　変なこと言いました？

塙　このように、ボケてもいない無防備な状態でつっこまれるのって、驚くでしょ？

土屋　もしかしてアメフトの悪質なタックルをお笑いにたとえたんですか？

★1　**日大悪質タックル事件**　5月6日、アメリカンフットボール・日本大学と関西学院大学の定期戦において、日大のディフェンスラインが関学大に危険タックルを仕掛けて負傷させる事態が発生。22日にタックルをした日大の選手が記者会見を開き、内田正人監督と井上奨コーチから反則行為を指示されたことを明らかにした。内田監督と井上コーチは指示をした事実を否定するも責任を取って辞任する騒ぎとなった。

塙　そう。無防備な状態でつっこまれるってスゴイ衝撃だし、危険なんです。

土屋　そこまでではないよ！　お笑いでたとえるとわかりづらくなりますから。

塙　今回、日大が表沙汰になって騒動となってますけど、他にもやってる選手、いるんですよ。

土屋　あ、そうなんですか？

塙　嫌がってるのに何度もしつこくタックルし続ける選手とかいますからね。

土屋　それは酷いですね。

塙　伊調馨って選手、知ってます？

土屋　レスリングだろ！　あれは嫌がる相手をタックルで倒す競技だから、むしろ良質なタックルだよ！　**[★2]伊調選手、練習を再開したそうですけど。**

塙　それよりビックリしたのが、**[★3]来月開催する米朝首脳会談ですけど、〝北〟の態度が急変して、もしかしたら中止になるかもしれない、なんていわれてますね。**

土屋　そうですね。どうなっちゃうんでしょうかね。

★2　伊調馨、パワハラ騒動
4月6日、女子レスリングで五輪4連覇の伊調馨選手らが日本レスリング協会の栄和人選手強化本部長からパワーハラスメントを受けたとする告発状が内閣府に出された問題で、同協会は栄氏の言動の一部をパワハラと認定した。

★3　米朝首脳会談
6月12日、アメリカのドナルド・トランプ大統領と北朝鮮の金正恩朝鮮労働党委員長による史上初の米朝首脳会談がシンガポールで行われた。共同声明ではトランプ大統領は北朝鮮の安全を保障すると約束し、金委員長は朝鮮半島の完全な非核化に向けた決意を明言した。

塙　〝南〟も怒ってたらしくてね。

土屋　あ、〝南〟がですか？

塙　渡辺謙さんの不倫が許せなかったんでしょうね。

土屋　あ、〝南〟って南果歩さんね！　**渡辺謙さんと離婚しましたけど。**[★4]今の流れで〝南〟って言うと韓国のことかと思いましたよ。

塙　〝東〟も複雑でしょうね。義理の親が離婚しちゃうっていうのはね。

土屋　あ、東出さんね！　娘の杏さんの旦那さん。〝東〟って言わないで！

塙　さっき、〝西〟も敗戦しちゃったしね。やっぱりジョコビッチ強いなぁ。

土屋　**錦織圭か！**[★5]錦織(にしこり)はその〝西〟じゃないしね！　もういいよ、東西南北シリーズは！

塙　それからファンにとっては辛いニュースでしょうけど、あの美男美女カップルが結婚するみたいですよ。**猪瀬直樹さん、蜷川有紀さん、婚約おめでとうございます。**[★6]

土屋　そっちかよ！　塙さんが熟女好きなのは知ってますけど、猪瀬さんのこ

★4　渡辺謙・南果歩、離婚
5月17日、俳優の渡辺謙と女優の南果歩の離婚が渡辺の所属事務所から発表された。渡辺は前年3月に30代のジュエリーデザイナーとの不倫が報じられ、同年7月に謝罪会見を行っていた。

★5　錦織圭、ジョコビッチに敗退
5月7日、マドリード・オープン男子シングルス1回戦にて、錦織圭選手が元世界王者のノバク・ジョコビッチに5－7、4－6で敗退した。錦織はジョコビッチに11連敗、対戦成績は2勝12敗となった。

塙　とも美男って思ってたんですね。**桐谷美玲さんと三浦翔平さんの結婚報道の話かと思いましたよ。**[★7]

土屋　そんな報道もありましたね。そっちは結婚はまだわからないみたいですけどね。

塙　でも、交際に関しては三浦翔平さんの所属事務所は認めてるそうです。

土屋　本当ですかねぇ？　そんなことといって、本当は仲の良い友人の1人なんじゃないですか？

塙　逆だろ！　何で事務所が認めてんのに塙さんが疑うんだよ！　認めたくないんですか？

土屋　別にタイプじゃないし！　どちらかといえば蜷川有紀さんのほうがショックですよ。

塙　あ、熟女好きの人にとってはやっぱりそうなんだ。

土屋　とはいってもあれですよ、後ろからタックルされたくらいですよ。

塙　すごい衝撃受けてんな！　もういいよ！　どうもありがとうございました。

★6　猪瀬直樹・蜷川有紀、婚約
5月16日、女優で画家の蜷川有紀が元東京都知事の作家・猪瀬直樹と、共著出版記念&婚約発表パーティーを行った。2人は2016年から交際を開始していた。

★7　桐谷美玲・三浦翔平、交際報道
5月15日、俳優の三浦翔平と女優の桐谷美玲が結婚することがわかった。2人は2016年のフジテレビのドラマ『好きな人がいること』で共演。前年からデート姿が目撃され、春頃から交際に発展していた。

2018
06.23

「そんなんできひんやん、普通」

土屋　おはようございます。ナイツの土屋です。

塙　ナイツの塙です。やりましたね、西野ジャパン！　**ワールドカップ[★1]、日本は初戦でなんとコロンビアに勝ちました！**　今日はもうサッカーの話しかないでしょ！

土屋　盛り上がってますね！

塙　家でテレビ観戦してましたけど、興奮しましたね〜。夜だったんで、近所迷惑になっちゃうから大声は出せないですからね、心の声で叫びましたよ。でも、叫びすぎて心の喉やられちゃって。お聴き苦しいところがあるかもしれませんが、すみません。心の声ガラガラで。

★1　W杯日本、コロンビアに勝利
6月19日、「2018 FIFAワールドカップ」ロシア大会1次リーグH組の日本は初戦でコロンビアと対戦、後半に大迫勇也選手（ブレーメン）が決勝点を挙げて2─1で勝ち、決勝トーナメント進出に向け、好発進を切った。

土屋　聴いてる分には全然わからないよ！

塙　あと、心のブブゼラをどこにしまったか思い出せないんですよね。

土屋　心のやつ、もういいよ！　全部塙さん次第ですから。

塙　やっぱりみんな、W杯興味あるんですね。視聴率がすごかったじゃないですか。**瞬間最高は55・4％ですって。**[★2]渋谷で飲んで騒いでる奴ら以外はほぼサッカー見てたんじゃないですか。

土屋　その人たちこそいちばんサッカー楽しんでると思うけどね！

塙　**決勝点を決めた大迫選手を褒める「大迫半端ない」のフレーズが、めちゃめちゃ流行ってますよね。**[★3]あれって、高校時代に大迫選手に負けた滝川第二高校のキャプテンが、試合後にロッカールームで言った発言なんですよね。

土屋　当時のその映像がニュースで流れてますよね。

塙　「大迫半端ないって。あいつ半端ないって。後ろ向きのボールめっちゃトラップするもん。そんなんできひんやん、普通」って。

★2　コロンビア戦最高視聴率、55・4％
6月20日、NHKは、ワールドカップ初戦でコロンビアに勝利した19日の日本戦の最高視聴率が55・4％に達し、インターネットの同時配信ではおよそ60万人弱が利用したことを、会見で報告した。

★3　「大迫半端ない」
6月19日の日本ーコロンビア戦のスタンドには「大迫半端ないって」の文字が躍っていた。この言葉は、2009年の第87回全国高校サッカー選手権準々決勝で、FW大迫を擁する鹿児島城西に負けた滝川第二のキャプテンが試合後に発した言葉によるもの。その模様の動画がテレビやネットで流され広く知られるようになった。

土屋　そうそう。そんな感じでしたね。

塙　実際、大迫選手は大したもんですよ。だってW杯の舞台でコロンビア相手にあのヘディングシュート決めちゃうんですから。そんなんできひんやん、普通。

土屋　塙さんはそっちが気に入ったようですね！

塙　そして、日本と同じエッチなグループには他に、セネガルとポーランドがいまして……。

土屋　グループH（エッチ）、ね！　スケベな人たちの集まりじゃないですから。

塙　次戦は明日、セネガルとですね。応援しましょう！　それから、隠してもいつかはバレると思うんで自分から言っちゃいますけどね……**うちに子供が生まれました。**★4

土屋　ブログにも書いてたろ？　ニュースになってましたよ。おめでとうございます。

塙　第3子なんですけどね、あ、ハットトリック決めちゃいました！

★4　ナイツ塙、第3子誕生
6月17日、お笑いコンビ「ナイツ」の塙宣之が、第3子となる女児の誕生をブログで発表。「いつか塙三姉妹として『有吉ゼミ』で密着をしてもらえるように、これからも本業の役者を頑張っていきたい」とボケていた。

土屋　無理やりサッカーでたとえなくていいよ！

塙　どうせ人から言われるだろうから、先に自分から言っちゃいますけどね。どうも、練馬のクリスチアーノ・ロナウドです。

土屋　言われないよ！　練馬に3人子供いる家庭なんて山ほどあるだろ！

塙　そろそろ名前を決めないといけないんですけどね。女の子だから、〝子〟が付く名前にしようかなぁなんて思ってて。今のところ第一候補は、〝大迫〟かな。

土屋　〝子（こ）〟っていうか、〝迫（さこ）〟だけどね！　名字だし！　ワールドカップに影響されすぎだよ！

塙　でも赤ちゃん生まれるたびに、女の人ってすごいなって思いますよ。何ヶ月もお腹の中で育てて、何時間も大変なお産をして。そんなんできひんやん、普通。

土屋　それ、気に入ってんな！　もういいよ！　どうもありがとうございました。

2018 07.07
歌丸師匠、ありがとうございました

土屋　おはようございます。ナイツの土屋です。

塙　ナイツの塙です。いや〜、悔しかったですね、**ワールドカップ**[★1]。決勝トーナメントの1回戦でベルギーに敗退。日本代表の梅雨が終わっちゃいました。

土屋　「夏が終わる」はよく聞くけど！　高校野球とかで。でも、夢見させてもらいましたね。

塙　あの時間帯の中継にもかかわらず、視聴率すごかったですもんね。ベルギー戦ってロシア時間の午後9時だったでしょ。正直眠かったですよね。しかもほら、僕ら次の日、運悪くロシア時間午前4時から仕事だったで

★1　W杯日本、ベルギーに敗退
　7月2日、「2018 FIFAワールドカップ」ロシア大会の決勝トーナメントが行われ、日本は1回戦でベルギーと対戦。一時リードしたものの同点に追いつかれ、試合終了間際にも失点。結果2－3で敗れ、初のベスト8進出はならなかった。

しょ？

土屋 日本時間で言ってくれないとピンとこないだろ！

塙 日本代表、途中までは良かったんですけどね〜。後半に入ってすぐの原口元気選手の先制点、素晴らしかったですよね。何といってもシュート打つ前のフェイント。あれはうまい！　山田く〜ん、座布団1枚差し上げて！

土屋 そのうまさじゃないでしょ？　うまいことを言ったわけじゃないんですから。

塙 そして、2点目となった乾選手のミドルシュート。あれも見事でしたよね。

土屋 正直、あそこで勝ったと思っちゃいましたよね。

塙 その後ベルギーの猛攻で同点に追いつかれて2対2で迎えたアディショナルタイム。残りわずか1分のところで、ベルギーのすごいカウンターで点、決められちゃいました。確かにアレを止めていれば同点のままでしたけど、あれはいくら川島選手でも止められないですよ。仕方ない。

土屋 山田く〜ん、川島さんの座布団、全部持ってって！

塙 厳しいな！

土屋 **そして木曜日、戦いを終えた西野ジャパン[★2]が帰国しました。**報道陣、ファン合わせて約1000人が出迎えたそうですね。

塙 それだけ国民に感動を与えたってことですよね。

土屋 僕だってめちゃくちゃ感動しましたからね。本当は行きたかったんですけど、西野監督の家、知らなかったから。

塙 成田空港だよ！　みんな西野さんの家の前に集まったわけじゃないですから。

土屋 とにかく、日本代表メンバー23人と西野監督、お疲れ様でした。山田く〜ん！　座布団24枚持ってきて！　一度に全部持ってきて！

塙 全員分!?　一度に全部は大変だろ！

土屋 今回、日本はまたしてもベスト16の壁を越えることはできなかったです

★2　西野ジャパン帰国
7月5日、サッカー日本代表のメンバーがロシアから帰国した。空港には、日本代表のユニホームを着たサポーターが約800人詰めかけ、到着ロビーのセレモニーでは、西野朗監督らが笑顔で花束を受け取った。

けど、日本サッカーは確実に進化してますからね。4年後は期待しましょうよ。だって、日本がベスト8に残るところ、見たいじゃないですか。一度でいいから見てみたい！

土屋 女房がヘソクリ隠すとこ、っぽく言うな！　ちょいちょい歌丸師匠、出てくんな！　**今週、お亡くなりになりましたけどね。**[★3] 残念ですね。

塙 僕ら、歌丸師匠には本当にお世話になりましたからね。この番組（『ちゃきちゃき大放送』）にもゲストで来てくれたし。だから恩返しとして、僕が師匠の意思を受け継いでいきたいと思います。

土屋 あ、素晴らしいですね。

塙 絶対に、アキラ100%の芸を認めない。

土屋 そこは受け継がなくてよくない？　師匠、あの芸に関しては苦言を呈してましたけど。

塙 山田く〜ん！　アキラ100%のおぼん、1枚持っていって。

土屋 丸出しになるよ！　いい加減にしろ！　どうもありがとうございました。

★3　桂歌丸、死去
7月2日、落語家の桂歌丸が慢性閉塞性肺疾患のため死去した。享年81。1951年に五代目古今亭今輔に入門後、桂米丸門下となる。1964年に桂歌丸と改め、1968年に真打ちに昇進。古典落語の名手として活躍する一方、人気テレビ番組『笑点』の5代目司会者としても人気を博した。

前澤社長をゾゾってみました

土屋 おはようございます。ナイツの土屋です。

塙 おはようございます。ナイツの塙です。最近、住んでみたいなぁっていう素敵な街を見つけたんですけど、ZOZOTOWNって知ってます？

土屋 知ってるけど、あれ、街じゃないですから！ ファッション通販サイトですよ。

塙 **剛力彩芽さんとの交際や、「球団を持ちたい」と発言するなど、最近何かと話題の前澤社長のことをインターネットでゾゾってきたので紹介させていただきます。**[★1]だって、今この人をゾゾらずに、誰をゾゾりますか。

土屋 ゾゾる、っていうとそりゃそうですよ！

★1 ZOZOTOWN前澤社長、「球団持ちたい」発言
7月17日、ファッション通販サイト「ZOZOTOWN」を運営するスタートトゥデイの前澤友作社長は自身のツイッターで、『大きな願望』として「プロ野球球団を持ちたい」とプロ野球参入と球団経営に興味があると表明した。前澤社長はインスタグラムで、女優の剛力彩芽と交際宣言していたことも話題を呼んでいた。

塙　1975年、前澤は千葉県で生まれます。1993年、学生時代にインディーズバンドを結成し、ドラムを担当。前澤、そんなことやってたんだな。

土屋　前澤さん、ね。呼び捨てはよくないですよ。

塙　そして1998年、有限会社スタート・トゥデイを設立し、前澤さんは代表取締役になり、2004年、前澤様は、「ZOZOTOWN」の運営をお始めになられます。

土屋　偉くなるにつれ、わかりやすく敬語使うな！　媚びの売り方、下手だな！

塙　そして2017年には日本長者番付14位に！　すごいですよ、社長。お金ください。

土屋　媚を売るレベルじゃないですね！　直接「お金ください」なんて、言っちゃダメですよ！

塙　そんな前澤社長ですが、今年、交際が発覚してからさらに注目されましたよね。だって、相手があの日本一可愛いパン屋さん、剛力彩芽さんで

2018

すから。

土屋　パン屋さんじゃないよ！　ランチパックのCMやってるだけで！　女優さんね。

塙　お互い交際を認めてますけど、世間からはバッシングされてるみたいですね。僕は、さえこーのカップルだと思いますよ。

土屋　最高だろ！　元カノの名前、出すんじゃないよ！

塙　最初に知った時には、意外だなって思いましたけどね。だって、この2人、ダンスの実力差がすごいじゃないですか。

土屋　そこは誰も思ってないよ！　年齢差はいわれてるけど！　でも、この2人に関しては、バッシングが多いですよね。

塙　女優なのに、インスタグラムに交際を堂々と書き込んだりしていることに、批判の声がたくさん上がってるんですよね。

土屋　一緒にロシアに行ってワールドカップを観戦した写真とかね。

塙　喜ばしいことだと思いますけどね。〝友達より大事な人〟が見つかったわけですから。

土屋 「友達より大事な人」……えっと、確か剛力彩芽さんのデビュー曲ですよね。

塙 批判してる人に対しては〝あなたの100の嫌いなところ〟を言ってやりたいと思ってるでしょうけどね。2ndシングル「あなたの100の嫌いなところ」だけに。まあ、それでも好きなんでしょうね。〝くやしいけど大事な人〟でしょうから。3rdシングル「くやしいけど大事な人」だけに。

土屋 どうでもいいけど、剛力さんにやたら詳しいな！

塙 そうですよ。剛力彩芽さんのこともゴリペディアで調べてきてますから。

土屋 ゴリペディアって嫌だな！

塙 ということで、僕はこれからも、ダルビッシュ有夫婦を応援します。

土屋 元カノのさらに元旦那だろ！　いい加減にしろ！　どうもありがとうございました。

あっちゃん、おめでとう！

土屋　おはようございます。ナイツの土屋です。

塙　ナイツの塙です。今週は毎日ニュースであっちゃんを見ましたね。日本を動かしてるといっても過言じゃないですよね。

土屋　まあ、そうかもしれませんね。

塙　9月に総裁選を控える中、**自民党の杉田議員の問題発言[★1]であっちゃん、大変そうですね。**

土屋　安倍首相だろ！　確かに日本動かしてるけど、安倍さんのこと、〝あっちゃん〟って言うな！

塙　あ、国民的人気者のあっちゃんの話、していいですか？

★1　**杉田水脈議員、問題発言**
7月18日、同日発売の「新潮45」8月号において自民党・杉田水脈衆議院議員は「LGBTの人には生産性がない」といった内容の文章を寄稿。各方面から批判が殺到、「新潮45」も10月号で休刊することになった。

土屋　そうそう。そっちでお願いしますよ。

塙　**9月に引退するあっちゃんが[★2]『イッテQ』で、ファンとして有名なイモトと共演して話題になりましたよね。**あっちゃん、おめでとう！

土屋　安室ちゃんを〝あっちゃん〟って言う奴、見たことねえよ！　あと、それに関しては、おめでたいのはイモトのほうだし。

塙　あ、おめでたいあっちゃんの話なんですけど、**サッカー日本代表の監督も務めたあっちゃんが、エジプト代表の新監督に就任しましたね。**[★3]おめでとう、あっちゃん！

土屋　たぶんアギーレ監督のこと、でしょうね！　あっちゃん違い、いつまで続くんですか？

塙　あ、昨日の剛力あっちゃんのインスタグラム見ました？

土屋　もういいよ！　剛力あっちゃん、って言っちゃってるし！　それにしても、話題の人物、みんな〝あ〟が付くな！　いい加減、前田敦子さんの結婚話をしてください。

★2　安室奈美恵、『イッテQ』出演
7月29日、2018年9月で引退する歌手の安室奈美恵と、安室の大ファンであるイモトアヤコが、同日放送の日本テレビ『世界の果てまでイッテQ！』で共演。台湾で2ショット撮影を失敗したイモトの前に安室が現れるという演出は話題を集めた。

★3　アギーレ元日本監督、エジプト代表監督に
8月1日、エジプトサッカー協会は、新監督に元日本代表監督であるハビエル・アギーレが就任したことを発表した。2022年のカタールW杯までの4年契約（その後、2019年7月に解任された）。

塙　**元AKB48のあっちゃんが結婚しました。**[★4] お相手が俳優の……あれ、ごめんなさい。読み方がわからないな。活字(かつじ)でしか読んでないから、いざ口にしようとすると……。

土屋　偶然にも〝かつじ〟で合ってんだよ！　勝地涼(かつじりょう)さんね！

塙　お2人、お幸せにー。

土屋　あっちゃんの本編、内容薄いな！

塙　それより、日本ボクシング連盟の内紛が大変なことになってますね。**山根会長らに対して333人が告発状を提出しました。**[★5] 金メダリストの村田諒太選手も、SNSで「潔く辞めましょう。悪しき古き人間たち」って、青空球児師匠を批判しました。

土屋　漫才協会に対して言ってんのか！　村田選手が言うわけねぇだろ！

塙　告発状に書かれていたのは、〝助成金の不正流用〟とかですよね。リオ五輪に出場した成松選手に対して交付された助成金を、山根会長が他の2選手と3等分させたっていう件ですよね。これは辛いですよね。

★4　前田敦子、結婚
7月31日、俳優の勝地涼と女優で元AKB48メンバーの前田敦子の結婚が発表された。2人は2015年の日本テレビのドラマ『ど根性ガエル』での共演をきっかけに友人として交流、2018年の映画『食べる女』で再共演したことで急接近。春頃から交際をスタートさせ、5月には週刊誌で熱愛が報じられていた。

★5　ボクシング連盟・山根明会長、辞任
8月8日、日本ボクシング連盟の山根明会長が助成金の不正流用があったなどとした問題で、山根会長は辞任を表明。告発状を提出した団体は同日、山根氏の連盟からの除名と理事全員の解任を要求した。

塙　僕も漫才のギャラを不正に2等分されてるから、気持ちすごくわかるんですけど。

土屋　俺、不正で漫才のギャラもらってんのかよ！

塙　それから、山根会長と同じく奈良出身の選手が判定で勝ちやすいという「奈良判定」。本当かなと思って僕たくさん試合見てみたんですけど、ボクシングに詳しくないから、正直よくわからないんですよね。

土屋　そうかもしれませんね。

塙　でも1つだけ言えることは、負けてた我孫子の選手、僕の判定ではすべて勝ちでした。

土屋　「我孫子判定」すんな！　塙さん、〝我孫子ふるさと大使〟だけど！

塙　そして昨日、渦中の山根会長が『スッキリ！』に生出演しましたね。疑惑に対してはすべて否定していましたけど、本当なんですか？　山根明(あきら)会長。あ、山根あっちゃん。

土屋　山根会長もか！　もういいよ！　どうもありがとうございました。

貴乃花親方引退の関係者ではありません

土屋　おはようございます。ナイツの土屋です。

塙　ナイツの塙です。ビックリしましたね、**貴乃花親方の突然の引退発表。**★1日本相撲協会に引退届を出したんですよね。経緯を説明すると、元横綱・日馬富士の暴行問題についての告発状を内閣府に提出したんですが……なんかごめんなさいね。殴られた本人を目の前にして。思い出したくもない話だと思いますけど。

土屋　はい？

塙　あ、土屋君か！　ごめんなさい、貴ノ岩と間違えちゃった。

土屋　どういう勘違いだよ！　全然似てないだろ。

★1　**貴乃花親方、引退発表**
9月25日、大相撲の貴乃花親方が東京都内で会見し、日本相撲協会に引退届を提出したことを明らかにした。引退の理由について貴乃花親方は、弟子の貴ノ岩に対する日馬富士の傷害事件に対する日本相撲協会の対応が問題だとして、3月に告発状を内閣府に提出した動きなどを挙げた。

塙　その告発状が事実無根であると認めなければ、親方をやめないといけない、という要求を日本相撲協会から受けたそうなんです。しかも協会は新たなルールとして、各親方はイチモツに所属することを義務付けたんですよね。

土屋　一門だよ！

塙　わからない人のために説明しておくと、相撲協会には5つのイチモツがあって、高砂イチモツ、出羽海イチモツ……。

土屋　だから、イチモンだよ！　嫌だろ、5つのイチモツって。何回イチモツって言うんだよ。

塙　それと、二所ノ関一門、伊勢ヶ濱一門……時津風イチモツ。

土屋　あ〜、あとひとつだったのに我慢できなかったのかよ！　もうやめて、それ！

塙　今回の貴乃花親方の会見を受けて、芝田山広報部長は、「引退届は受理しない」と言ってます。「直接協会に来い」なんて激怒してましたね。

芝田山広報部長といえば、ふだんは優しいイメージありますけどね。スイーツ好きで有名で、一般的には「スイーツ広報部長」と呼ばれて親しまれてるじゃないですか。

土屋 「スイーツ親方」ね！　世間的には広報部長って役職は、あまり浸透してないと思いますよ。

塙 それにしても貴乃花親方といえば、最近よくないニュースばっかり話題になってるのが悲しいですよね。現役時代は、国民的大スターでしたから。

土屋 そうですね。あの時の相撲の盛り上がり方はすごかったですよね。

塙 若貴の兄弟対決なんて、大相撲史上に残る一番でしたからね。貴乃花が悪口を言ったり、「花田勝氏」呼ばわりしたりね。

土屋 のちのドロドロした戦いのほうだろ！　ある意味盛り上がったけど！　若貴の兄弟対決っていったら、あの、優勝決定戦のことでしょ？

塙 そうでした。千秋楽の優勝決定戦で、当時横綱の貴乃花と、大関・若乃花による史上初の同部屋兄弟対決ね。世間は盛り上がったけど、母親としては見るの辛くなかったですか？

土屋 はい？

塙 あ、ごめんなさい！　土屋君のこと、藤田紀子さんと間違えた！

土屋 どんな間違いだよ！　ちょいちょい貴乃花親方周りの人と間違えるの、やめてくれる？

塙 最後にひとつお願いがあるんですけど、僕のほう見て、イチモツって言ってもらっていいですか？

土屋 何で俺がそんなこと言わなきゃいけないんだよ！

塙 あ〜、ごめんなさい！　また藤田紀子さんと間違えちゃった！

土屋 仮に本人だったとしても絶対言っちゃダメだよ！　いい加減にしろ！

どうもありがとうございました。

オセロ漫才

土屋　おはようございます。ナイツの土屋です。

塙　ナイツの塙です。今日も面白い漫才をやっていこうかなと思ってますけどね。

土屋　漫才の最初に絶対言わないほうがいい言葉じゃないですか。

塙　僕たち、現在独演会の真っ最中でね、リスナーの中にも来ていただいてる人、たくさんいると思います。ありがとうございます。

土屋　ありがとうございます。今日（10月20日）は長野県でやりますんで、楽しみに待っててくださいね。

塙　お客さんスカスカだったら帰りますけどね。

土屋　沢田研二[★1]さんか！　コンサートを開場直前でキャンセルした件、話題になってますね。

塙　その理由が、お客さんがスカスカだったってことだそうですね。リハーサルで、客席に黒い幕が敷かれていたのを見て、中止することを決断したんだそうです。

土屋　「客席がスカスカの状態でやるのは酷なこと。僕にも意地がある」と説明しました。

塙　できれば本人の口から語ってほしかったですけどね。なんか、代わりにカーネルサンダースおじさんが取材に答えてましたけど。

土屋　あれ、本人だよ！　70歳になって、見た目はちょっと変わってましたけどね！

塙　白いヒゲをたくわえてたけど、あれ、ご本人だったんですか!?　でも、今回の損害額は数千万円ともいわれていて、大赤字ですよね。いや〜、怖い。まあ、僕らは気持ちを切り替えて、今日もまた黒字のライブ頑張

★1　沢田研二、コンサート中止騒動
10月17日、歌手の沢田研二がさいたまスーパーアリーナで開催予定だった公演を急きょ中止した。翌18日、公演中止の理由について、「(観客の数が)当初9000人と聞いていたが7000人しか入っていなかった」「リハーサルの時点でモニターを見た時に、客席もつぶしてあり『なんだこれは』となった」などと答え、中止は自分で決定したと話した。

りましょう。

土屋　あんまり黒字とか言うな、感じ悪いから！　はい、僕たちは僕たちで頑張りましょう。

塙　**それと[★2]、活躍した日本人といえば、11歳の福地啓介くんですよ。**チェコで行われた世界オセロ選手権で優勝して最年少記録を更新しました。しかも、福地君が帰りに乗った飛行機の機長が、何と、その前の最年少記録保持者だったそうなんです。すごい偶然じゃないですか？　そのニュース見て、たまたま両隣に座ってた中島知子さんと松嶋尚美さんと3人で、思わず声揃えて「すげ～」って言っちゃいましたもん。

土屋　元オセロに挟まれて!?　そっちのほうがすごい偶然だろ……っていうか、嘘だろ？

塙　最年少記録といえばもうひとつ、**V6[★3]の岡田准一さんと宮﨑あおいさんの第1子が、出産の最年少記録タイとなる0歳0ヶ月で誕生しました。**

土屋　すべての生き物がそうだよ！　第1子となる男の子が誕生したそうです

★2　福地啓介、世界オセロ選手権で最年少優勝
10月9～12日、チェコ・プラハで開催された第42回世界オセロ選手権で、横浜市の小学5年、福地啓介くんが初優勝を果たした。成人も参加する同大会で初出場で最年少優勝記録も達成した。

★3　岡田准一・宮﨑あおい夫妻に第1子誕生
10月16日、アイドルグループ「V6」メンバーで俳優の岡田准一と女優の宮﨑あおい夫妻の間に、第1子となる男児が誕生した。2人は前年の12月23日に結婚し、今年5月に妊娠を発表していた。

塙　ね。
さらに[★4]岡田さんといえば今週、『白い巨塔』の財前五郎を演じることも発表されました。『黒い巨塔』といえば何度もリメイクされている名作で……。

土屋　『白い巨塔』ね！　3秒前はちゃんと言えてたんですけどね。

塙　前作の主演は唐沢寿明さんでしたけど、僕も夢中で白黒テレビで見てましたけど。

土屋　そんな昔じゃないよ！　2003年のドラマですから。

塙　それから政治の話題は**口利き疑惑[★5]が報じられた片山さつきヤホー創生大臣ですよね。**

土屋　地方(ちほう)創生大臣だろ！　ヤホー創生大臣がもしいるのなら、塙さんだよ！

塙　片山議員は否定してるけど、早く白黒つけてほしいですよね。あ～、やっとオセロ漫才、終わった。

土屋　オセロ漫才？

★4　『白い巨塔』リメイク
10月18日、山崎豊子の小説『白い巨塔』がテレビ朝日でドラマ化され、岡田准一が主演を務めることがわかった。『白い巨塔』は、大阪の大学病院で繰り広げられる権力闘争を描く医療ドラマ。今回は時代設定を昭和30年代から2019年に変更される。

★5　片山さつき地方創生大臣に口利き疑惑
10月18日、同日発売の「週刊文春」が、片山さつき地方創生担当大臣の口利き疑惑を報じた。記事によると2015年に片山大臣が製造業を営む会社経営者への税務調査をめぐって国税庁に口利きを行い、報酬として100万円を受け取ったという。

塙　あれ？　気づいてない？　今日ずっと漫才中に、白と黒を散りばめてたんですけど。

土屋　あ～、言われてみれば、白黒テレビ、白い巨塔、黒字、白いヒゲ、黒い幕……。あ、冒頭の「面白い漫才」にも、〝白〟が入ってる！

塙　しかも最初から最後まで、白と黒を交互に入れてるんです。

土屋　え？　面白い……黒い幕……白いヒゲ……黒字……あ～、ホントだ！

塙　は？　それの何が面白いんですか？

土屋　自分で言い出したんだろ！　もういいよ！　どうもありがとうございました。

カルロス・ゴーンに憧れていました

土屋　おはようございます。ナイツの土屋です。

塙　ナイツの塙です。ちょっと今日、漫才無理かもしれない。

土屋　いきなりどうしたんですか？

塙　ずっと憧れてた人が逮捕されて失脚したんですよ？　突然目標を失ったわけですから。はぁ〜。完全にカル・ロスですよ。

土屋　アムロスみたいにいうな！　というか塙さん、カルロス・ゴーンに憧れてたの？

塙　そうですけど？

土屋　聞いたことなかったけど、そうなんだ。でも、漫才はちゃんとやりましょうよ。

塙　あ〜、キツイな。**今週**[★1]**、日産自動車のカルロス・ゴーン会長が、金融商品取引法違反の疑いで逮捕されて、世界中に衝撃が広がりました。**なんか、ゴーンって感じの衝撃なんじゃないですか。音でいうとね。

土屋　あ、本当に今日の塙さん、ダメかもしれない。テキトウにボケるのやめてくれます？　5年間にわたり、役員報酬を約50億円も過少申告していたそうなんですよね。

塙　カルロス・ゴーンといえば1999年、当時経営危機に陥った日産自動車に派遣され、2000年に社長に就任。従業員の大幅なリストラを行ったことから「コストコッター」と呼ばれました。

土屋　「コストカッター」だよ！　ただのコストコ好きな人みたいになってますから。

塙　その結果、日産はV字回復し、経営者としてその手腕を評価されました。僕も今、漫才協会で役員をやらせてもらってますけど、カルロス・ゴー

★1　カルロス・ゴーン、逮捕
11月19日、東京地検特捜部は仏ルノー・日産自動車・三菱自動車のカルロス・ゴーン会長を金融商品取引法違反容疑で逮捕した。報酬を約50億円過少申告した疑いがあり、日産は同会長らの解任を取締役会で提案すると発表。その後、保釈されるが、保釈中の2019年12月に日本から密出国してレバノンに逃亡、2020年1月に国際刑事警察機構により国際手配されている。

ンを見習って、実は漫才協会でも大幅なリストラを考えてるんですよ。今からその候補を発表しますね。

土屋 ラジオの生放送で？　やめたほうがいいんじゃないですか？

塙 青空一歩・三歩……三歩師匠。

土屋 本当に言うんだ!?

塙 すず風にゃん子・金魚……金魚師匠。春風こうた・ふくた……ふくた師匠。

土屋 何で片方だけ切ろうとするんだよ！　というか、塙さんにそんな権限ないだろ！　漫才協会にゴーンの経営術、いらないよ。

塙 何でだよ。僕の中でのテーマは「やっちゃえ漫協」ですから。

土屋 「やっちゃえ日産」みたいに？　一時期、日産自動車のキャッチコピーでしたけどね。矢沢永吉さんがＣＭに出てて。

塙 漫才協会をもっとデカくして、日本一の協会に成りあがりさせることが僕の夢ですから。

土屋 成りあがり……。でも素晴らしい夢じゃないですか！　僕も協力させてもらいたいです。

塙 僕はいいけど、ＨＡＮＡＷＡが何て言うか……。

土屋 永ちゃんの有名な名言でしょ？　それ。「俺はいいけど、ＹＡＺＡＷＡが何て言うか」ってやつ。塙さん、カルロス・ゴーンっていうより、永ちゃんに憧れてない？

塙 そんなことないですよ。ゴーちゃんですよ。

土屋 誰もそんな風に呼んでないよ！

塙 今回の事件でカルロス・ゴーンの評価は急落しましたけど、僕はこれからもゴーンイズムを継承していきますよ。今年の漫才協会の役員報酬、過小申告します。

土屋 どこ継承してんだよ！

塙 ２０１８年度の役員報酬、１５００円のところを１０００円に虚偽記載します。

土屋 役員報酬、少なっ！　もういいよ！　どうもありがとうございました。

2018
12.01

Mの法則

土屋 おはようございます。ナイツの土屋です。

塙 ナイツの塙です。実は僕ね、また新しい法則、見つけちゃいました。「Mの法則」なんですけどね。今週は話題になった人たち、みんなイニシャルがMなんです。

土屋 あ、そうなんだ！　すっごいですね。

塙 **まずは、広島カープからFA宣言した丸選手。**[★1]巨人師匠のところに移籍することを表明したじゃないですか。

土屋 師匠ではないよ！　ただの巨人ね。塙さん、今度『M-1』の審査員やりますけど、『M-1』のことは一回忘れて！

★1　広島カープ・丸佳浩、巨人へ
11月30日、プロ野球・広島カープからフリーエージェント宣言した丸佳浩外野手が巨人への移籍を表明した。マツダスタジアムで「環境を変えて1からチャレンジしたいという思いが強かった」と話した。

塙　それから、離婚を発表したミッチー。

土屋　ああ、**壇れい[★2]さんとの離婚を発表したミッチーこと及川光博さんですね。**
まあ、Mっちゃ あMですね。

塙　そして同じく離婚……というか、卒婚を発表したあの人もMですよ。

土屋　ああ、あの人……あれ？　Mでしたっけ？

塙　**元貴乃花親方[★3]。**

土屋　〝元(もと)〟のM！　元もありなんだ！

塙　23年間連れ添ったMさんと別れることになってしまいました。

土屋　そっちも？

塙　元フジテレビアナウンサーの景子さんとね。

土屋　そっちも〝元〟かよ！　ずいぶん前の話ですけどね。

塙　離婚の話題が続いちゃったけど、今週結婚したあの女優さんもMですよ。
ミッキー[★4]こと、中谷美紀さん。

土屋　そんな風に呼んでないだろ！　ミッチーみたいに。

★2　及川光博・壇れい、離婚
11月28日、俳優の及川光博と壇れいが離婚届を提出したと、ファクスを通じて発表した。連名のファクスで2人は「互いが仕事に集中するあまり、時間的にも精神的にもゆとりが持てなくなってしまったのが実情です」と説明した。

★3　貴乃花親方・花田景子、離婚
11月26日、元貴乃花親方（花田光司）が、景子夫人と離婚していたことが、関係者への取材で明らかになった。夫妻はすでに事実上の別居生活を送っていたという。

塙　それから、日本人として嬉しいニュースといえば、秋田県のナマハゲが、Mに登録されることが決まりましたね。

土屋　M……あ、もしかして、〝無形文化遺産（むけいぶんかいさん）〟のM？　人じゃなくてもいいんだ！　そうですね。**今週、[★5]ナマハゲ含め日本各地の10の行事が無形文化遺産に登録されることになりました。**

塙　秋田県のナマハゲは有名な行事ですよね。ナマハゲに扮した人が、大晦日の夜に、「泣く子はいねが〜」って大声で叫びながら家に入ってくるんですよね。水森かおりさんの歌を聴いて泣いてる子供のところに。

土屋　泣く子って、紅白見て感動して泣いてる人のことじゃないですよ？

塙　そうなの？　三山ひろしさんの歌とか聴いて泣く分にはいいんだ。

土屋　それはいいんですよ。

塙　松田聖子さんも、松任谷由実さんも、ＭＩＳＩＡもいいんだ。あれ？　うわ、すごいこと気づいちゃいました。全部Ｍ。今年の『紅白歌合戦』の出演者、全員Ｍだ！

★4　中谷美紀、結婚
11月26日、女優の中谷美紀が、ウィーン国立歌劇場管弦楽団とウィーン・フィルハーモニー管弦楽団でビオラ奏者を務めるドイツ出身のティロ・フェヒナー氏と結婚したことが明らかになった。2年間に及ぶ遠距離恋愛の末の国際結婚だという。

★5　ナマハゲが無形文化遺産に
11月29日、インド洋・モーリシャスで開催中の国連教育科学文化機関（ユネスコ）は、無形文化遺産に「男鹿のナマハゲ」など、8県の10行事からなる「来訪神　仮面・仮装の神々」を登録することを決定した。

2018

土屋　いや、Mの人をチョイスしただけでしょ？　他にもMじゃない人、たくさんいるから！

塙　**そして、いよいよ明日ですよ。『M-1の決勝戦』[★6]。**ワクワクしてきましたね。

土屋　あ、それもMだ！　しかも塙さん、審査員やりますからね！　頑張ってくださいよ。

塙　僕の審査コメントに対して、ツイッターとかでボロクソ書かれるのかな。どんな悪口書かれるか、エゴサーチ楽しみだな。ワクワクしてきました。

土屋　何にワクワクしてんだよ！　悪口書かれるの、嫌じゃないんですか？

塙　いや、それがね。僕、暴言吐かれると、めちゃくちゃ興奮しちゃうんですよ。

土屋　そこもMだったのか！　もういいよ！　どうもありがとうございました。

★6　ナイツ塙、『M-1グランプリ2018』審査員に
11月24日、12月2日に行われる『M-1グランプリ2018』の審査員を務める7人が表された。オール巨人、松本人志、上沼恵美子、中川家・礼二が続投、立川志らくとナイツの塙宣之が初審査員となり、サンドウィッチマンの富澤たけしが2015年以来2回目を担当する。

2018
12.15

今年の漢字を名字で答えないで

土屋 おはようございます。ナイツの土屋です。

塙 ナイツの塙です。今週、女子フィギュアスケートの紀平梨花選手が帰国しました。

土屋 **グランプリファイナル、バンクーバー大会で優勝しましたよね。**[★1]すごかったですね。

塙 今回の紀平選手を見てて、**『M-1』**[★2]**の霜降り明星と重なって見えちゃいましたよね。**

土屋 そうなの？

塙 だって紀平選手、まだ16歳の若さで、しかもグランプリ初出場で初優勝

★1 紀平梨花、GPバンクーバー大会優勝
12月8日、カナダ・バンクーバーでフィギュアスケートのグランプリシリーズ上位6人で競うGPファイナル第3日目が開催された。女子フリーでショートプログラム（SP）首位の紀平梨花がトリプルアクセルを成功し、150・61点で1位となり、合計233・12点で初優勝を果たした。

★2 霜降り明星、『M-1』優勝
12月2日、若手漫才師の王座決定戦『M-1グランプリ2018』の決勝戦がテレビ朝日系列で生放送された。初の決勝進出となった「霜降り明星」が最年少で14代目チャンピオンに輝いた。

土屋　でしょ。あ、確かにね。霜降り明星と同じような若さと勢いを感じますね。

塙　優勝候補最有力のザギトワを破って優勝したところも、『M-1』の決勝に見えたし。

土屋　なるほど。ザギトワが和牛と重なって見えたわけですね。

塙　紀平選手に負けて、ザギトワも「もうええわ」って言って帰ったそうですし。

土屋　言うか！　和牛の川西君みたいなツッコミ、ザギトワがするわけないだろ！

塙　家で採点しながら見てたんですけど……あ、ごめんなさい。つい審査癖が出ちゃって。

土屋　『M-1』の審査員やったからかな？　フィギュアの審査までしちゃうんだ！

塙　紀平選手、ショートプログラムでは82・51点で、今季最高得点だったん

土屋　ですけど、正直、僕の採点は違って、65点でした。ずいぶん低いな！　そこは、塙さんが高得点つけた霜降り明星とは違ったんだ。

塙　そりゃそうでしょ！　だって、霜降り明星と違って、めちゃくちゃスベってたし。

土屋　フィギュアですからね！　スベってなんぼの競技ですから！

塙　緊張してたのか、めちゃくちゃ飛んでたしね。

土屋　わざと飛んでんだよ！　ネタ飛んだ、みたいに言うな！　スケートの採点、もうしないで。

塙　それから今週は、毎年恒例、今年の漢字が発表されました。

土屋　**今年は、災害の「災」の字が選ばれましたよね。**★3

塙　この時期になると、今年話題になった芸能人とかスポーツ選手が、取材とかで必ず「あなたにとっての今年の漢字一文字は？」って聞かれますよね。

★3　**今年の漢字、「災」に**　12月12日、日本漢字能力検定協会は京都・清水寺で「今年の漢字」を発表した。森清範貫主が揮毫した漢字は「災」。日本各地で発生した大災害の影響で選ばれた。

土屋　多いですよね、そういうの。

塙　だから、みんな考えてると思うんですよ。例えば、広島からＦＡで巨人に移籍した丸選手とかね。気持ち新たに、新しい場所でプレーする丸選手ですから、おそらく今年の漢字は……「丸」でしょうね。

土屋　名字じゃねぇか！　それだと今年、関係なくなっちゃいますから。

塙　**それから[★4]、第４子を生んで話題になった辻ちゃんが今週、ブログで子供の名前を発表しましたけど、「幸せな空」と書いて、「幸空（こあ）」だそうです。**実は、辻ちゃんの子供ってこれまですべて「空」の漢字をつけてるそうなんですね。だから今、辻ちゃんに今年の漢字一文字を聞いたら、おそらく……「辻」でしょうね。

土屋　「空」じゃないかな？　たぶん。だから名字で答えるの、やめてくれません？

塙　ちなみに、僕だって考えてますからね。今年は、初めて連ドラに出たり、初めて『Ｍ－１』の審査員やったり、初めてづくしの１年でしたから。

★4　**辻希美、第4子出産**
12月9日、元モーニング娘。でタレントの辻希美が、夫で俳優の杉浦太陽との間に第4子となる男児を出産したことを、自身のブログで報告した。辻は「まだ産後の後産に苦しんでいますが、母子共に健康です」と伝え、応援してくれたファンに感謝の言葉を綴っていた。

土屋　うん、今年の漢字はこれかな。丸、辻の流れがあるから、嫌な予感しかしないですけど、一応聞いてみますかね。塙さんにとっての今年の漢字は何ですか？

塙　僕、塙の今年の漢字は……「僕」！

土屋　予想してたのより酷いやつだった！　もういいよ！　どうもありがとうございました。

令和

ON AIR

2019

２０１９年　おもなできごと

1月
○厚労省統計不正調査問題
○嵐、活動休止発表
○稀勢の里、引退

2月
○競泳女子の池江璃花子、白血病を公表
○沖縄県民投票、辺野古移設反対7割超える
○米朝首脳会談、非核化と制裁解除で合意できず

3月
○イチロー、引退表明
○ピエール瀧、コカイン使用容疑で逮捕
○萩原健一・内田裕也、死去

4月
○新元号、「令和」発表
○２０２４年度の紙幣新デザイン発表
○世界初のブラックホール撮影成功

5月
○天皇陛下即位、「令和」スタート
○トランプ大統領、令和初の国賓として来日
○川崎で小学生ら19人刺される

6月
○G20大阪サミット開催
○陸上男子１００ｍ、サニブラウン・ハキームが日本新記録
○山里亮太&蒼井優、結婚

7月

○参院選で自公勝利、改選過半数超え

○京都アニメーション放火、36人死亡

○吉本興業社長会見、所属芸人の処分撤回

8月

○小泉進次郎&滝川クリステル、結婚

○ゴルフの渋野日向子が全英女子優勝

○あおり運転で手配の男、逮捕

9月

○ラグビーW杯日本大会開催

○ジャニー喜多川、お別れの会開催

○ヤフー、ZOZOを買収

10月

○消費税率10%スタート

○旭化成・吉野彰名誉フェロー、ノーベル化学賞に

○沖縄・首里城が焼失

11月

○「桜を見る会」問題、2020年は中止へ

○東京五輪マラソン・競歩、札幌開催に

○沢尻エリカ、麻薬取締法違反の容疑で逮捕

12月

○流行語大賞、「ONE TEAM」に

○今年の漢字、「令」に

○中村哲医師、アフガンで狙撃され死亡

2019 01.12

引退する吉田沙保里さんをウホーで調べました

土屋　おはようございます。ナイツの土屋です。

塙　ナイツの塙です。**レスリング女子の吉田沙保里さんが引退しました。**[★1]

土屋　ビックリしましたね。

塙　引退を受けて、スポーツ関係者や芸能人など多くの人がコメントを残してますね。去年、「そもそも伊調馨さんは選手なんですか？」で一発当てた谷岡学長も、「本当によく頑張ったね」ってねぎらいの言葉をかけていました。

土屋　ギャグがヒットしたみたいな言い方すんな！　話題になった発言だけど！

★1　吉田沙保里、引退
1月8日、レスリング女子で五輪3連覇した吉田沙保里選手が現役引退を決断したことを、自身の公式ツイッターで明らかにした。10日に記者会見も開き、「自分自身と向き合った時、レスリングはすべてやり尽くしたという思いが強くなった」と述べた。今後は日本女子代表コーチとして、2020年東京五輪に向けて後進をサポートするという。

塙　〝霊長類最強女子〟の異名を持つ吉田沙保里さんは本当に強かったですよね。だって、〝霊長類最強〟ですよ？　人間だけじゃなくて、猿とかゴリラ含めても最強なんですから。

土屋　まあ、そのくらい強かったっていう、たとえですよね。

塙　今日は、そんな吉田沙保里さんのプロフィールを、インターネットのウホーで調べてきたので発表させていただきます。

土屋　ヤホーだろ！　ゴリラ感出すな！　というか、ホントはヤフーだけどね！

塙　レスリング一家に生まれた吉田沙保里さんは、自宅の道場で3歳からレスリングの練習を始めました。英才教育ですよね。ＪＨの頃からレスリングやってるんですから。

土屋　ＪＨ？

塙　女子保育園児（じょしほいくえんじ）ですけど。

土屋　そんな言い方しないよ！　ＪＫみたいに言うな！

塙　子供の頃から作り上げてきた高速タックルを武器に勝利を重ね、世界選手権を20歳で初制覇してから、16連覇という偉業を達成し、さらに、アテネ、北京、ロンドンとサオリンピックも3連覇しています。

土屋　オリンピックだよ！　サオリンピックなら、なおさら金メダルだろうけど！

塙　おい！　僕にとってはオリンピック＝吉田沙保里なんだから、サオリンピックでいいんだよ！

土屋　めちゃくちゃ怒ってるけど、ボケじゃなかったんだ。ごめんなさいね。

塙　しかし2016年、残念ながらリオのカオリンピックでは優勝を逃してしまいました。

土屋　負けた途端に変えるな！　リオで金メダルとった伊調馨（かおり）さんに乗り換えたろ！

塙　そんな吉田沙保里さんには有名な都市伝説があって、吉田さんに投げられると幸せになれるっていわれてるんです。

土屋　そうなんですよね。実際、テレビ番組で投げられた芸能人が、直後に結婚したり、大きな仕事が入ってきたり、なんてこともあったみたいで。

塙　あの人もそうでしょ？

土屋　誰ですか？

塙　何年か前のオリンピック決勝で吉田沙保里さんに投げられた外国人。オリンピックで銀メダルとりましたからね。すごくないですか？

土屋　それは違うでしょ？　その人、投げられなければ金メダルだったんだから！

塙　まあ、以上が霊長類最強女子・吉田沙保里さんのプロフィールをウホーで調べた結果なんですが、続いては、ゴーゴリで調べてきたものを発表したいと思います。

土屋　グーグルだろ！　やらなくていいよ！　どうせ一緒だろ！

塙　あと、ウキペディアもあるんですけど……。

土屋　怒られるぞ！　いい加減にしろ！　どうもありがとうございました。

2019

稀勢の里のように一片の悔いもありません

土屋 おはようございます。ナイツの土屋です。

塙 塙 おはようございます。ナイツの塙です。あ、ごめんなさい。台本のセリフの前の名前の部分まで読んじゃいました。

土屋 漫才やるの、初めてじゃないですよね⁉

塙 この1週間もいろいろなニュースがありましたよね。そこで今日は僕が衝撃を受けた順にランキング形式でニュースを発表していきます。1位は何なんだろう？ って想像しながら楽しんでもらえたらと思います。

土屋 あ、いつもと違う感じでいいですね！ さっそくよろしくお願いします。

塙 第3位、「大相撲初場所初日。稀勢の里、御嶽海に敗れる」。黒星スタートでしたね！

土屋 あ〜、なるほどね。第3位がそれですか。

塙 第2位、「大相撲初場所2日目。稀勢の里、逸ノ城に敗れる」。次負けたら3連敗だよ。

土屋 1位、どうせ3日目だろ！　全然ワクワクしないよ、このランキング。

塙 いよいよ1位の発表です。予想通りのニュースなのか？　それとも、しょうもないニュースを発表して「1位、それかい！」っていう、はずしの笑いに逃げるのか？

土屋 大丈夫ですか？　そんなフリしちゃって。

塙 第1位は「前澤社長、ツイッターのプロフィール欄から剛力彩芽の名前を削除」。

土屋 1位、それかい！……ってなっちゃうよ！　何で先にボケの概要を言っちゃうんですか！　もういいから、今週は普通に稀勢の里の話題をやりましょう。

塙　**稀勢の里、引退しましたね。**[★1] 3連敗した翌日、引退を発表して、会見を開きました。会見では、涙が土俵際で粘り切れず押し出されちゃいましたね。

土屋　やめなさいよ！

塙　いや、僕じゃなくて、誰かがツイッターで言ってたのをまんま使っただけですよ。

土屋　だとしたら、もっとやめろ！　一般人が言ったまんま、使うな！

塙　稀勢の里って『北斗の拳』のラオウが好きで、あの有名なセリフを言ってましたね。「貴様は3日後、全身から血を吹き流して死ぬことになる」。

土屋　どのシーンだよ、怖ぇな！　「一片の悔いもない」って言ったんだよ！

塙　それにしても、唯一の日本出身横綱ということで、重圧がすごかったと思いますよ。とても想像できないですけどね。僕は横綱じゃないし、大関でもないし。それどころか、関脇までもいってないし。

土屋　いや、そもそも力士ですらないですから！

★1　**稀勢の里、引退**
1月16日、大相撲の横綱・稀勢の里が現役を引退することを、師匠の田子ノ浦親方が明らかにした。両国国技館で開催中の初場所に進退をかけて出場したが、初日から3連敗となり、引退を決断したという。

塙　式守伊之助でもないし、木村庄之助でもないし。

土屋　行司でもないだろ！　ただの相撲ファンでしょ!?

塙　一昨年からは胸と肩に大きな怪我を抱えたまま、それでも無理してやってたんですから。痛みに耐えてよく頑張った。感動した！

土屋　昔、小泉元総理が貴乃花に言ったやつだろ！　今さらよく本意気でできんな！

塙　ん〜、あんまり似てなかったからもう1回やり直していいですか？　痛みに耐えて……。

土屋　本番中やり直すな！　今日どうしたんですか。笑いのルール、忘れちゃったんですか？

塙　あ〜、もうダメだ。漫才引退します。漫才師人生に一片の悔いなしです。

土屋　え？　漫才師やめちゃったら今後どうするんですか。

塙　**最近、純烈に1枠空きができたらしいんで、**[★2]そこに入れてもらおうかな。

土屋　入れるか！　いい加減にしろ！　どうもありがとうございました。

★2　「純烈」友井雄亮、引退
1月11日、5人組歌謡グループ「純烈」のメンバー、友井雄亮が都内で単独会見を行い、過去の交際女性に対するDVなどの報道が事実であることを認めて謝罪し、グループを脱退、芸能界からも引退することも発表。

相撲を絡めすぎな嵐の話

土屋　おはようございます。ナイツの土屋です。

塙　ナイツの塙です。日本中に衝撃が走りましたね。大砂嵐が活動休止ですよ。

土屋　嵐だよ！　大砂嵐は、無免許運転で大相撲引退した力士だろ！　その後、格闘技に行ったけどまた無免許運転でクビになった！　ジャニーズの嵐ですから。

塙　**嵐の5人は、日曜日に記者会見を開いて、2020年いっぱいでグループでの活動を休止することを発表しました。**[★1] そもそもは2017年に、「自由に生活をしてみたい」と親方の大野君が切り出したそうなんですね。

★1　嵐、活動休止発表　1月27日、アイドルグループ「嵐」が記者会見で、2020年末をもってグループとしての活動を休止すると発表した。リーダーの大野智から「自分の嵐としての活動を終え、自由に生活してみたい」という気持ちの表明があり、メンバーや事務所も交えた話し合いを重ねた結果、活動休止宣言に至ったという。

土屋　リーダーだよ！　嫌だろ、嵐の親方って！

塙　あ、親方って言わないんだ。勘違いしてました。リーダーの大乃国が……。

土屋　大野君でしょ？　大乃国だったら親方でいいよ！　現・芝田山親方の！

塙　自由に生活して、スイーツ食べまくりたいんですかね。

土屋　それこそ芝田山親方だよ！　スイーツ親方と呼ばれて有名だけど。

塙　その後メンバーで何度も話し合いを重ねた結果、2020年いっぱいで活動休止するということに決めたそうなんですよね。寂しいけど、他のメンバーの個々の活動は続きますから。それぞれすごい才能を持ってますからね。翔君なんて頭良いでしょ。『news zero』ではキャスターも務めてて。すごいよな、貴景勝君。

土屋　櫻井翔君だよ！　翔君のフルネーム、貴景勝じゃないですから！

塙　それからニノもすごいですよ。ハリウッド映画にも出てて演技力高いし。かと思えばバラエティやらせても超面白いし。うらやましいなぁ、二所ノ関君。

土屋　相撲部屋か！　ニノの名字、二所ノ関だと思ってたの？　二宮君だよ！　ちょっと塙さん！　さっきからいちいち相撲に絡めすぎじゃないですか？

塙　だって、悔しいんだよ！　**玉鷲が初優勝したのに**[★2]、その直後、嵐のニュースに話題を全部持っていかれちゃったんだから！

土屋　確かにね、同じ日でしたけど。

塙　相撲ファンとしてはもっと玉鷲のことを取り上げてほしいんですよ。まあ、仕方ないですけどね。嵐は国民的スターだから。そういう僕も、嵐のライブDVD買ったし。

土屋　あ、塙さんも買ったんだ。活動休止を発表してから、ライブDVDとかめちゃくちゃ売れてるらしいですね。

塙　DVDで改めて嵐のパフォーマンスを見ましたけど、素晴らしかったですよ。レベルの高さに驚いちゃいましたね。大野君なんて、力士より歌うまいし。

土屋　どこで驚いてんだよ！　力士もうまい人多いけど、そっちのほうが意外

★2　玉鷲、初優勝
1月27日、大相撲初場所千秋楽で関脇の玉鷲が13勝目を挙げ初優勝した。34歳2ヶ月での初賜杯は、37歳8ヶ月で制した旭天鵬に次ぎ、2番目の高齢記録。モンゴル出身の優勝力士は7人目。

なんだから！

塙　カッコいいし、感動するし。みんなにもあのＤＶＤ見てほしい。超オススメですよ。

土屋　それは見たくなりますすね。買おうかな。どのＤＶＤですか？

塙　あの……ほら、あれ。タイトル何だっけな……。うわ、ど忘れしちゃった。

土屋　忘れちゃったの？

塙　何だっけ。ごめんなさい、タイトル全然出てこない。

土屋　ちょっと、大事なところですよ。頑張って思い出してくださいよ。

塙　え〜っと……「ワッショイ」でない事だけは確かなんだけどなぁ……。

土屋　『「ワッショイ」でない事だけは確か』はナイツの独演会ＤＶＤだよ！今週発売になった（２０１９年１月30日発売）！　いい加減にしろ！どうもありがとうございました。こっちも買ってね！

こんな予知夢を見た

土屋　おはようございます。ナイツの土屋です。

塙　おはようございます。ナイツの塙です。最近ちょっと自分が怖いんですよね。

土屋　どうしたんですか？

塙　予知夢って信じます？

土屋　あ〜、これから起こる未来の出来事を夢で見ちゃうってやつですよね？

塙　僕、もしかしたら予知夢を見るようになったのかもしれません。

土屋　本当に？

塙　**今週、カルロス・ゴーンが保釈されたじゃないですか**[★1]。変装して出てき

★1　カルロス・ゴーン、保釈
3月6日、会社法違反などの罪で起訴された日産自動車前会長のカルロス・ゴーン被告（64）が東京拘置所から保釈された。保釈保証金10億円を東京地裁に納付し、108日にわたる身柄拘束を解かれた。

ましたけど。その保釈保証金が10億円だったたって。

土屋　すごい額でビックリしましたよね。

塙　そのニュース見て、あれ？　これ、何日か前に夢で見たなって思いまして。

土屋　そうなんだ。

塙　もちろん、まんまじゃないですけどね。僕の夢では9億9000万円だったんだけど。

土屋　細かいな！　まあ、ちょっとは違うけど、ほぼ一緒じゃないですか！

塙　**それから今週、籠池夫妻の初公判が開かれたじゃないですか**[★2]。籠池さん、そこでも得意の一句を詠んでましたよね。「凛と咲く　日の本一の　夫婦花」。うわ、これも夢に出てきたやつじゃんって。

土屋　え？　それもですか？

塙　もちろんちょっと違いましたけどね。僕が見た夢ではこうでした。「凛と咲く　日の本一の　夫婦花」。

★2　**籠池夫妻、初公判**
3月6日、学校法人「森友学園」をめぐる補助金不正事件で、国の補助金などをだまし取ったとして詐欺などの罪に問われた、前学園理事長の籠池泰典と妻・諄子両被告の初公判が大阪地裁で行われた。籠池被告は「検察官の主張は事実に反する。国策捜査は許されない」と訴え、無罪を主張した。

土屋　あれ？　まったく同じじゃないですか！

塙　それを僕が詠んでたんですよ。

土屋　顔がちょっと違った！　塙さんと籠池さん、似てますけど！　そういう違いだったのか！

塙　**それから、タレントの有村藍里さんが、整形を公表しましたね。**★3

土屋　『ザ・ノンフィクション』でね。まさか、それも？　夢で見たの？

塙　その何日か前に見た夢なんですけど。まあ、それもちょっと違うんですけど。日曜日に家で『ザ・ノンフィクション』見てたら、有村さんの整形手術に密着してて。頭蓋骨を6分割して、あごを後ろに移動させる大手術ですよ。

土屋　まんまじゃないですか？

塙　手術は無事成功して、有村昆さんがめちゃくちゃ綺麗になってるんですよ。

土屋　昆さんか～！　有村違い！　ちょっと違うどころじゃないけどね！

★3　有村藍里、整形公表
3月3日、タレントで女優の有村架純の姉である有村藍里が、ブログなどで美容整形を受けたことを公表した。同日、フジテレビで放送の『ザ・ノンフィクション』で整形に密着した模様や手術後の顔も披露された。

塙　昆さん、「口元が残念」って言われるのが相当コンプレックスだったそうですよ。

土屋　たぶん言われたことないと思いますよ、昆さんは！　有村藍里さんが言われてたやつです。まあでも、今週のニュースにニアミスの夢見まくってるわけですね。すごいな。

塙　でね、**明日『R－1ぐらんぷり』**[★4]**があるじゃないですか**。楽しみなんだけど、どうせ今日夢で先に見ちゃうんだろうなぁ。

土屋　あ、そうか！　今日見る予知夢で、優勝シーンとか出てきちゃうかもしれないですね。

塙　おそらくね。

土屋　でも、その夢もまたちょっとだけ違うんでしょうけどね。例えば、実際には霜降り明星の粗品が優勝するのに、夢の中ではせいやだったり……。

塙　ちょっと静かにしてもらえますか？　寝れないんで。

土屋　今寝ようとすんな！　もういいよ！　どうもありがとうございました。

★4 『R－1ぐらんぷり2019』　3月10日、ピン芸人日本一を決める「R－1ぐらんぷり2019」の決勝戦がフジテレビ系で生放送され、お笑いコンビ「霜降り明星」の粗品が17代目の王者に輝き、賞金500万円とピン芸人ナンバーワンの称号を手にした。

イチローが残した数字より大事なこと

土屋　おはようございます。ナイツの土屋です。

塙　ナイツの塙です。**今週**[★1]**、メジャーリーグの開幕戦が日本で行われましたけど、話題はイチローですよ。**あのイチローがついに、リストバンドを外すときが来たんですね。

土屋　あまり聞きなれない表現ですけどね！　普通、ユニフォームを脱ぐとかじゃないですか。

塙　あとついに、レーザービームの主電源をオフにする時が来たんですね。

土屋　もういいよ！　引退の表現、ヘタだな！

塙　なんかおかしなこと、言ってます？

★1　**イチロー、引退**
3月21日、米大リーグ・マリナーズのイチローが、東京ドームでのアスレチックス戦終了後、ユニホーム姿のまま記者会見を開き、現役引退を表明した。「最後にこのユニホームを着て、この日を迎えられたことは大変幸せ。今日の球場での出来事、あれを見せられたら後悔などあろうはずがない」と語った1時間20分に及ぶ会見は「イチロー節」で終始した。

土屋 イチローが引退会見で何回も言ってたやつだろ！　塙さんはおかしなこと、言ってますよ。

塙 イチローってまだまだ現役でいてくれるものだと思ってたから、引退表明には正直驚きましたよね。ニュースとか新聞で毎日見てるけど、いまだに信じられない。

土屋 確かに、まだ現実を受け入れられないファンもいるでしょうね。

塙 というか、嘘なんでしょ？　おい、『水曜日のダウンタウン』のスタッフ、早く出てこいよ！

土屋 ドッキリじゃないよ？　さすがにこれは！

塙 「ナイツ塙、イチローが引退会見開いたら、信じる説」、なんだろ？

土屋 そんな説、やるか！　塙さん引っかかりました、だけじゃすまないよ！

塙 それにしても、イチローが出てくる時の盛り上がりはすごかったですね。石川さゆりさんの「天城越え」で登場するんですよね。でもいちばんすごかったのが第2戦の8回裏、交代を告げられて去る時の場内の大歓声ですよ。一時停止してよ～く見ましたけど、何人かスマホいじってる人以外、総立ちでしたからね。

土屋 立ってない人をわざわざ探さなくていいよ！

塙 試合後に引退会見を開きましたけど、会見では、らしい発言がたくさん飛び出しましたね。「引退を決めたタイミングは？」とか「子供たちにメッセージを」とか。中でも僕が最も印象に残った発言は、「印象的な場面は？」ですかね。ああ、いかにも記者らしい質問だなぁと思いましたね。

土屋 記者の質問のほうか！　イチローの発言に注目しろ！

塙 僕は、弓子夫人に対する「いちばん頑張ってくれた」っていう感謝の言葉が印象に残りましたね。ホームでの試合の時は奥さんが握ってくれたおにぎりを食べるそうで、その数がこれまでで2800個くらいなんだそうです。今のイチローを作ったのは2800個のおにぎりと2800個の梅干しといっても過言ではないかもしれませんね。

土屋 オール梅干しおにぎりかは知らないけどね！

塙　そういう家族の支えもあって、輝かしい記録の数々が生まれたんですね。

土屋　そうですね。イチロー選手は本当にたくさんの記録を持ってますからね。10年連続200本安打とか、日米通算4367安打とか。

塙　そうやってね、イチローを数字で表そうと思えば簡単ですよ。でも、数字より大事なのは、僕らに多くの感動を与えてくれたことじゃないかと思いますけどね。

土屋　なるほど。確かにそうかもしれませんね。良いこと言いますね！

塙　そりゃそうですよ。イチローっていう名前だってやろうと思えば1と6で表せるし。

土屋　あ、1と6（イチロー）でね！　いや、そこは数字で表さなくていいよ！

塙　前フリが長くなっちゃいましたけど、今日はそんな石川さゆりさんのことを、インターネットのヤホーで調べてきました。

土屋　イチローじゃねえのかよ！　もういいよ！　どうもありがとうございました。

塙、本当は元ヤン？

土屋　おはようございます。ナイツの土屋です。

塙　ナイツの塙です。**貴景勝が大関に昇進しましたね**[★1]。伝達式が行われましたけど、口上では、期待されていた四字熟語は出ませんでしたね。

土屋　力士は、口上で四字熟語を使うケースが多いですからね。特に師匠の貴乃花。大関昇進の時の「不撓不屈（ふとうふくつ）」、横綱昇進の時の「不惜身命（ふしゃくしんみょう）」は有名ですよね。

塙　この前は、「絵本作家」って言ってましたね。

土屋　デビューしてましたけど！　「絵本作家」って四字熟語として言ったわけじゃないよ！

★1　**貴景勝、大関昇進**
3月27日、日本相撲協会は大相撲夏場所の番付編成会議と理事会を開き、関脇・貴景勝の大関昇進を発表した。初土俵から大関までの所要28場所は、年6場所となった1958年以降デビューの力士では史上6位のスピード昇進。

塙　でも、僕としてはせっかくだから貴景勝にも口上で四字熟語使ってほしかったな。何でもいいんですけどね。「喧嘩上等」でも「大関参上」でも。

土屋　暴走族か！　ダメだろ、そんな四字熟語使っちゃ！

塙　貴景勝もおめでたいけど、**すごいのは白鵬ですよ。**[★2] **平成最後の春場所で全勝優勝。** ところが、その後の優勝インタビューで三本締めしたことが問題になってます。

土屋　はい。でも、僕なんかからすると別にいいんじゃない？　って思っちゃいますけどね。

塙　ダメです。やっぱり横綱は品格が大事だから。全員フルボッコにしただけじゃダメ。横綱はタイマンでボコした後の行動も問われるんですから。

土屋　言い方が悪いよ！　ケンカみたいに言うな！

塙　[★3]**それにしても驚いたのが森昌子さんの芸能界引退じゃないですか。**

土屋　ビックリしましたね。突然の引退発表でしたもんね。

塙　森昌子さんは13歳から歌手として活躍してるんですよね。デビュー曲「せ

★2　白鵬、春場所全勝優勝
3月24日、平成最後の本場所となる大相撲春場所千秋楽がエディオンアリーナ大阪で行われ、横綱・白鵬が鶴竜を破り、3場所ぶり42度目の優勝をはたした。

★3　森昌子、引退
3月25日、歌手の森昌子が年内の活動を最後に芸能界を引退することが、所属事務所から発表された。ファンにあてたメッセージで「芸能活動以外のことに時間を使って人生を充実させたいと思うようになりました」と綴った。

んこう」は大ヒットしました。

土屋　山口百恵さん、桜田淳子さんと共に「花の中三トリオ」と呼ばれててね。

塙　どこ中だよ。「せんせい」だよ！　不良か！

土屋　はい？

塙　当時の世の中は、誰派かで盛り上がってたそうですね。僕が選ぶとしたら、桜田淳子さんがいちばん喧嘩強いと思いますけどね。

土屋　みんな誰が喧嘩強いかで選んでるわけじゃないよ！　何言ってるの？

塙　それより、**いよいよ明後日、新元号が発表されますよ**[★4]。

土屋　いよいよですね。「安」の字が入るんじゃないか、とかいろいろ予想されてますよね。

塙　僕も2つまでに絞ったんですけどね。「喧嘩」か「上等」。

土屋　どっちもないよ！　さっきも喧嘩上等とか言ってたけど、何なの？　今日。

塙　あ〜、ごめんなさい。今日はちょっと、元不良の僕が出ちゃってるなぁ。

★4　新元号発表
3月29日、政府は元号の選定手続検討会議を首相官邸で開き、4月1日に新元号を決定し、公表するまでの日程を確認した。当日午前11時30分ごろに菅官房長官が新元号を発表することになった。

土屋 は？　塙さんが元ヤンなんて聞いたことないですけど。

塙 寄席のお客さんに怖がられると嫌だから隠してたんだけど、ついに出ちゃったなぁ。

土屋 全然想像つかないですけどね。本当に悪かったの？

塙 学生の時はめちゃくちゃ悪い仲間たちとつるんでましたから。今はみんな堅気になっちゃって、本職に進んだのは僕だけですけど。

土屋 裏社会に入ったみたいに言ってるけど、あなたの職業、漫才師でしょ？

塙 合法的に舞台の上で人を笑わせられるなんて最高の職業ですよ。

土屋 それ、不良がボクサーになるときに言うやつだろ！　合法的に人を殴れる、みたいな。違法で笑わせるとかないですから！　今日ずっと不良ぶってるけど、嘘なんでしょ？

塙 すみません、嘘でした。僕は、元ヤンでもないし、森昌子さんも引退しません。

土屋 それは本当だよ！　いい加減にしろ！　どうもありがとうございました。

「令和」のイントネーションがわかりません

土屋　おはようございます。ナイツの土屋です。

塙　ナイツの塙です。**月曜日**[★1]**、新元号が発表されましたね**。それが……何でしたっけ。

土屋　さっそく忘れちゃったんですか？　「令和」ですよ。命令の〝令〟に、昭和の〝和〟で、令和ね。

塙　あ、そうだ！　まだ聞いてから1週間も経ってないから体に入り切ってないんですよ。あれ、イントネーションは……「**れ**いわ」でいいんでしたっけ。それとも、「れい**わ**」？

土屋　どっちでも間違いではないそうですけど、菅官房長官とか安倍首相は、

★1　**新元号「令和」発表**　4月1日、日本政府は平成に代わる新元号を「令和（れいわ）」と発表した。その後、安倍首相も会見を開き、「人々が美しく心を寄せ合う中で文化が生まれ育つという意味が込められている」と説明した。

塙　「れ」にアクセントを置いた「**れ**いわ」と言ってました。一応、一般的には「**れ**いわ」みたいですよ。

土屋　なるほど。覚え方としては、「**は**なわ」と一緒でいいんだ。

塙　塙さん、今まで「**は**なわ」なんて言ったことないだろ！　さっきも「はなわ」って言ってたでしょ。

土屋　「**は**なわ」、「**つ**ちや」でいいのか。

塙　俺も「つちや」だし！　何で変わっちゃうんだよ！

土屋　「**れ**いわ」に寄せたんですけど。

塙　それじゃあ覚え方として意味ないのよ！　というか、だったら「**ナ**イツ」でよくない⁉

土屋　それにしても予想してたのと全然違って、みんな驚いてましたよね。僕も外れたし。

塙　「安久(あんきゅう)」ってのが本命でしたよね。ちなみに塙さんは何て予想してたんですか？

塙　まぁ、大外れしたのを発表するの恥ずかしいですけど。昭和の〝和〟に、命令の〝令〟で、「和令（われい）」。

土屋　嘘でしょ⁉　ほぼ合ってますよ！

塙　いや、一文字も合ってないでしょ。和令と、安久。

土屋　安久は予想外れたやつだよ！　決まったのは、令和です。

塙　そうか、そうか。まだ覚えたてだから、安久に持ってかれちゃった。

土屋　あ、和令といえば、メイプル超合金のカズレーザーの本名が、和令って書いて〝かずのり〟って読むことをツイッターに書いて、話題になってましたよね。相方の安藤なっちゃんも「え、すご！」って驚きのツイートをしてたし。

塙　タレントとしてはうらやましいですよね。だってこれからずっとほぼ、自分の名前がみんなの目に触れ続けるってことでしょ。安藤元年。安藤2年。安藤3年と……。

土屋　安藤は相方のほうですから！　だから、令和ね！

塙　あー、また持ってかれた！　持ってかれちゃうから、あんまり漢字の言葉使わないで。

土屋　何だよ、持ってかれちゃうって！　確かに、令和って聞きなれない言葉ですけどね。この言葉は、あの日本最古の歌集『万葉集』からの引用なんですよね。

塙　今までの元号に引けを取らない良い言葉ですよね。明治、大正、昭和、平成、万葉。

土屋　万葉ではないよ！　令和だって言ってんだろ！　中身の和歌から引用したの！

塙　あの日、新元号を伝える号外が配られたけど、それが奪い合いになったんでしょ？

土屋　そうなんです。しかもそれが今、フリマアプリのメルカリとかでけっこう高値で売られてるみたいなんですよね。

塙　今の時代っぽい出来事ですよね。平成が終わって、「メルカリ」はどんな時代になっていくんですかね。

土屋　メルカリにも持ってかれちゃうの!?　令和、いつになったら覚えるんだよ！

塙　あー、ちょっと、漢字とカタカナもやめてもらえます？

土屋　喋れないよ！　令和ってそんなに覚えづらいかなぁ。これも言うとまた混乱しちゃうかもしれないけど、令和以外に、候補だった5つの案も明らかになりましたね。

塙　はいはい。「久化（きゅうか）」「広至（こうし）」「英弘（えいこう）」「万和（ばんな）」「万保（ばんぽう）」ね。

土屋　何でボツのほうは完璧なんだよ！　もういいよ！　どうもありがとうございました。

2019
05.18

陸上選手の名前の呼び方がわかりません

土屋　おはようございます。ナイツの土屋です。

塙　おはようございます。ナイツの塙です。スポーツの話題が多いですけど、僕がいちばん気になってるのが、ショータイム、完全復活なるか？　ってことですよね。

土屋　ああ、ケガの影響が心配されてますけどね。

塙　ヒザ、大丈夫なのかなぁ。

土屋　ん？　肘じゃなかったですか？

塙　御嶽海との取組の時に痛めたらしいんですよね。

土屋　あ、**貴景勝**[★1]**のこと？**　貴景勝の〝勝（しょう）〟でショータイム!?　いや、大谷の

★1　貴景勝、膝の怪我により休場
5月16日、新大関の貴景勝が日本相撲協会に「右膝関節内側側副靱帯損傷で今後約3週間の加療を要する見込み」との診断書を提出し、大相撲夏場所を休場した。4日目の小結御嶽海との対戦で負傷したものとされる。

2019

ことかと思うでしょ。

塙　大谷じゃなくて大関ね。〝突き〟と〝押し〟の二刀流ですよ。

土屋　突き押しに二刀流感は全然ないよ！　貴景勝のケガも心配ですけど、**肘[★2]の手術から復帰したエンゼルスの大谷翔平選手はホームラン打ちました。**

塙　大谷君は活躍してますけど、それに引き換えダメなのが丸ですよ。やらかしたなぁ。

土屋　あれ？　丸選手、なんかやっちゃいましたっけ？

塙　北方領土返還について「戦争をしないと、どうしようもなくないですか？」なんて発言して大炎上したでしょ？　何やってんだよ、丸よぉ。

土屋　**丸山議員か！**[★3]　丸、って言うな！　さっきの流れで丸っていったら、絶対巨人のほうだろ！

塙　ついでに、もうひとつ政治の話、していいですか。**千原せいじ[★4]さんが不倫しましたね。**

土屋　政治（せいじ）じゃなくて、〝せいじ〟の話ね！　千原せいじさんの不倫の件はほ

★2　大谷翔平、復帰ホームラン
5月13日、米大リーグ、エンゼルスの大谷翔平選手は、ターゲット・フィールドで行われたツインズ戦で、前年10月の右肘手術から復帰後初となるホームランを放った。

★3　丸山穂高議員、北方領土で暴言
5月11日、北方四島ビザなし交流の訪問団の一員として国後島を訪問した日本維新の会の丸山穂高衆院議員が、滞在先の国後島古釜布で元島民の男性に対し、北方領土問題について「戦争をしないとどうしようもなくないか」などと発言し、トラブルになっていた。

っといてあげて！

塙　じゃあ、スポーツの話に戻りますけど、陸上界でまた快挙ですよ！

土屋　そうですね。[★5]**やりましたね、サニブラウン選手。**

塙　９秒99で、何と１００ｍちょうどを走りました。すごいですよね。９秒99で１００ｍ以上走れる日本人は史上２人目でしょ？　僕なんて、９秒99じゃ、60ｍくらいしか走れないんじゃないかな？

土屋　なんかちょっと違うんだよなぁ。９秒99でどれだけの距離を走れるかの競技じゃないんですよ。１００ｍを何秒で走れるかですから。

塙　そうなんだ。何にせよ、速かったですよ。サンニンブラウン・ハキーム選手。

土屋　サニブラウンだよ！　３人で走ってるわけじゃないですから！

塙　え？　トリオで走ってる陸上選手グループじゃないの？

土屋　そんな奴、見たことないだろ！

塙　あ、そうか、コンビか！「ダメー！」って相方の頭を叩く……。

★4　千原せいじ、不倫騒動
5月15日、お笑いコンビ「千原兄弟」の千原せいじが、愛知県名古屋市内で20代の女性との不倫が、同日発売の「週刊文春」において報じられた。

★5　サニブラウン、100m9秒台ランナーに
5月11日、陸上短距離男子のサニブラウン・ハキーム選手が、米アーカンソー州フェイエットビルで行われた大学南東地区選手権の100メートル決勝で日本歴代2位となる9秒99をマークした。

土屋　それは、トムブラウンだよ！　お笑いコンビの！

塙　え？　じゃあ、ハキームは何ブラウンなんだよ？

土屋　だから、サニブラウンだって言ってんだろ！

塙　そして最初に9秒台を出した日本人といえば、桐生祥秀選手……きり選手でしょ。

土屋　きり選手、って呼んでんの？　独特ですね。桐生選手でしょ。

塙　え？　あの人、〝きり〟が名字で、ちっちゃい〝ゅ〟からが名前じゃないの？

土屋　そんなわけねぇだろ！

塙　日本の陸上界は確実に進化してるから将来が楽しみですよね。もしかしたら日本人が、100mのあの選手の記録を抜く日が来るかもしれないですよ。あの、ほら、世界最速の男……。あ、オソイン・ボルト。

土屋　ウサイン・ボルトだよ！　そいつなら簡単に抜けそうだな！　もういいよ！　どうもありがとうございました。

イニシャル多めのKAT-TUNの話

土屋　おはようございます。ナイツの土屋です。

塙　おはようございます。KAT-TUNの……じゃないや、ナイツの、田口……じゃないや、塙、淳之介……じゃないや、宣之です。

土屋　自己紹介で間違えすぎでしょ！　ナイツの塙宣之ですね！　よろしくお願いします。

塙　今週、大麻界に衝撃のニュースが走りましたね。あの人気アイドルが捕まるとは……。

土屋　大麻界って！　大麻側から言わないで！　芸能界に衝撃、でいいですから。**元KAT-TUNのメンバーが逮捕された**[★1]**ということで驚きました。**

★1　KAT-TUN田口淳之介、逮捕
5月22日、大麻を自宅で所持していたとして、関東信越厚生局麻薬取締部は、大麻取締法違反（所持）容疑で、アイドルグループ「KAT-TUN」元メンバーの田口淳之介、女優の小嶺麗奈両容疑者を現行犯逮捕した。

塙　いろいろと大変な出来事が続くグループですけど、僕、KAT-TUNは好きで最初から応援してるから、頑張ってほしいんですけどね。グループ名が、元々のメンバーのイニシャルをつなげた名前でね。Kが亀梨君で、Aが赤西君。TがT君で、TがT君……。

土屋　やらかしたTの2人は、名字言わないんですね！

塙　今思いついたんですけど2人のこと、TT兄弟って呼ぶのどうです？

土屋　それはチョコレートプラネットの人気キャラだよ！　やめてあげて！

あと、冒頭で「田口」ってハッキリ言っちゃってましたけどね！

塙　さらに今回は内縁の妻である元女優のK嶺さんと揃って逮捕されました。

土屋　一応そこもイニシャルにしておくんですね。アベック逮捕なんて言われてますね。

塙　僕、K嶺さんのことも昔から女優として注目してましたから、残念なんですよ。『金八先生』見て、良い女優さんになるだろうなぁ、って。

土屋　生徒役で出演してたんですよね。

塙　重要な役でしたからね。3年……あ、クラス名はふせておきますけど……B組の生徒だったんですけどね。

土屋　元々B組でいいんだよ！　イニシャルでBにしてるわけじゃないから！

塙　つい最近も、人気ドラマ『相棒』に出演しましたけど、こういう時によくあるのが、再放送できなくなることです。やめてくれよ！　『相棒』好きで再放送見たいんだから！

土屋　特に、『相棒』って運の悪いことにそのパターン多いんですよね。

塙　あ、でも逆にこの前は、**体調不良で路上に座り込んでいた女性を名前も告げずに助けたなんていう、いいほうのニュースもありましたよね、『相棒』のS町隆史さんが**[★2]。

土屋　良いことしたんだから、本名で言ってあげて！　反町隆史さんですよ。

塙　M谷豊さんも嬉しいでしょう。ドラマ以外でもSはMにとって最高の「相棒」ですよ！

土屋　SとかMって言うな！　何の「相棒」なんだってなっちゃいますから！

★2　反町隆史、一般女性を救助
5月13日、俳優の反町隆史が人命救助をしていたことが明らかになった。同月9日夕方、京急電鉄大鳥居駅近くの道端で高熱により動けなくなった25歳の女性に反町が声をかけ、女性の自宅まで送り届けたという。

塙　それから残念なニュースといえば、**巨人の上原が引退を表明しました**[★3]。また好きな選手が1人、引退しちゃいました。ここ数年、好きな野球選手がどんどん辞めていって、本当に寂しいんですよ。高木でしょ。笠原でしょ。松本、上原……。

土屋　その並びに上原さんを入れるなよ！　辞めた、の意味合いが違うから！

塙　21年間の現役生活、お疲れ様でした。雑草魂で知られる上原投手ですけど、野球に詳しくない人からすれば、雑草食べてる姿のイメージしかないかもしれないけど……。

土屋　そのイメージはないよ！　実際に雑草食べてるわけじゃないし！

塙　以前この番組、『ちゃきちゃき大放送』にもゲストで来てくれて嬉しかったですよね。日米通算で100勝100セーブ100ホールド、『ちゃきちゃき』ゲスト出演を達成した野球選手は、史上初ですよ。いわゆる、「トリプル100……ちゃき」ってやつですよ。

土屋　ちゃきは余計だよ！　もういいよ！　どうもありがとうございました。

★3　巨人・上原浩治、引退
5月19日、巨人の上原浩治投手が、シーズン途中に引退する意志を球団に伝えたことが明らかになった。上原は日本復帰2年目の今季、1軍登板がなく、2軍戦9試合にとどまっていた。

2019
06.01

裸だらけの不倫報道

土屋 おはようございます。ナイツの土屋です。

塙 おはようございます。ナイツの塙です。何といっても話題は、俳優の原田龍二さんですよ。複数のファンの女性と不倫をしたことが発覚して、逮捕されましたね。

土屋 逮捕はされてないよ！ **今週、「週刊文春」[★1]が原田龍二さんの不倫疑惑を報じました。**

塙 昨日、謝罪会見を開きましたね。不倫について素直に認めて謝罪していました。もっと、そんなの関係ねぇみたいな態度で臨むのかと思ってたんですけど……。

★1 **原田龍二、不倫発覚** 5月31日、前日発売の「週刊文春」で複数のファン女性との車中不倫が報じられていた俳優の原田龍二が記者会見を開き、不倫したことを認めて謝罪した。他にも複数のファンとのメッセージのやり取りなども明かした。

土屋　あ、そうですか？　かなり反省した様子でしたね。

塙　事実を赤裸々に語ってましたね。以前この番組（『ちゃきちゃき大放送』）にも出てもらいましたけど、モテるのはわかりますよ。見た目がカッコいいだけじゃなくて、とにかく明るい。

土屋　うん、そうでしたね。面白かったですね。

塙　でも今回の報道で信用を失いましたから、今後、裸一貫で頑張っていくんでしょう。

土屋　ちょっと、塙さん。さすがにもう気づいてますよ。

塙　はい？　何のことでしょう？

土屋　とぼけてもムダですよ。〝裸〟でしょ？　さっきからずっと。「赤裸々」とか「裸一貫」とか。「そんなの関係ねぇ」も「とにかく明るい」もそうですよね？　小島よしおと安村の。

塙　バレました？　さすが、長いつきあいだけありますね。

土屋　いや、もう、ほとんどの人にバレてると思いますけどね。

塙　そうかぁ。このネタ、家のリビングで素っ裸で考えてたのバレてたかぁ。

土屋　それはバレてなかったよ！　裸で考えてたの？　いや、裸に関するワードを散りばめてたんでしょ！　確かに、原田龍二さんといえば大晦日の『ガキの使い』でアキラ100%のネタをやってから裸キャラになりましたけどね。

塙　まぁでも、今回の件はダメですよ。原田龍二さんには子供が2人いるんですから。子供たちがかわいそうですよ。そうとう恥ずかしい思いをしてるでしょうからね。今は、父親の顔も見たくないんじゃないですか？

土屋　まぁね。そうかもしれませんね。

塙　子供に顔見せないように、パンティでもかぶっときなさいよ！

土屋　何でだよ！

塙　あと、足も見たくないでしょうからね、網タイツでも履いときなさいよ！

土屋　どんどん変態仮面になっていってるよ！　何だ、足も見たくないって！　変態仮面もアキラ100%やった翌年に『ガキ使』でやってましたけどね！

塙　あ、人前で股間だけ隠してるといえば、朝乃山、優勝しましたね！

土屋　どんな思い出し方だよ！

塙　**大相撲夏場所**[★2]**、平幕の朝乃山が初優勝しました。**朝乃山、もってますよねぇ。**だって**[★3]**、トランプ大統領が来日して、観戦に来たタイミングでの優勝ですから。**僕も前から評価はしてて、いつかはスモウグランドチャンピオンになると思ってたけど、まさか、レイワワンでなるとは……。

土屋　今までそんな風に言ったことないだろ！　トランプ大統領の言い方だよ！

塙　コングラッチュレーション！　アッサ〜ノヤマ・ヒデキ！

土屋　言ってましたけどね！

塙　ハラ〜ダ！　アウト！

土屋　それはトランプさん、言ってない！　もういいよ！　どうもありがとうございました。

★2　朝乃山、夏場所優勝
5月25日、大相撲夏場所において、西前頭8枚目の朝乃山が大関の豪栄道を破って12勝目を挙げ、初優勝を遂げた。平幕の優勝は前年初場所の栃ノ心以来で、三役経験のない力士に限れば1961年夏場所の佐田の山以来、58年ぶりとなる。

★3　トランプ大統領、令和初来日
5月25日、アメリカのドナルド・トランプ大統領が国賓として来日。新天皇・皇后との会見、安倍首相とのゴルフ、大相撲観戦などの行事をこなした。令和改元以来、初の国賓となった。

山里さん&蒼井さん、お幸せに！

土屋 おはようございます。ナイツの土屋です。

塙 おーはよーございまーす。ナイツの塙です。

土屋 『スッキリ！』の天の声の言い方になってますよ！　でも、今週はその話題に尽きますよね。

塙 **南海キャンディーズの山里さんが結婚しましたね**[★1]。しかも、その相手っていうのが、あの人気実力派女優の、山里さんですよ。

土屋 戸籍上はもう、そうなんですけどね！　蒼井優さんって言ってくれます？　とにかく、日本中が衝撃を受けたニュースでしたね。

塙 そうですかね？　そんなに驚きました？　僕、全然でしたけどね。朝起

★1　山里亮太・蒼井優、結婚　6月5日、お笑いコンビ「南海キャンディーズ」の山里亮太と女優の蒼井優が結婚したことを、双方の所属事務所を通して正式発表した。同日、ツーショットの結婚発表会見が開かれ、多くの報道陣が詰めかけた。

きてニュースで知った時も、「えーーーっ!?」。

土屋 めちゃめちゃ驚いてんじゃねえか！　何だったんだよ！

塙 いや、僕、どのニュース見てもこんな感じですよ。

土屋 あ、そうなの？　じゃあ、うるせえなぁ、毎朝ニュース見る時。

塙 最近では珍しい、芸能人同士の結婚会見でした。世間は「美女と野獣」とかいろいろと言ってますけど、あの優と亮太のツーショット見ると、お似合いな感じしましたけどね。

土屋 突然、なれなれしいな！

塙 その会見でお互いの呼び名について話してて、ビックリしちゃったんですけど、みなさん知ってます？　優と亮太がお互いのことを何て呼んでるかっていうと……「優」、「亮太」ですって！

土屋 台無しだよ！　何で先に塙さんが同じ呼び方しちゃうんだよ！

塙 とにかくおめでたい話題ということで、今日はお祝いといってはなんですが、蒼井優さんについてインターネットのヤホーで調べてきたので、紹介させていただきます。だってほら、僕が2人のためにできることっていったら、漫才をすることと、山里さんにご祝儀渡すことくらいしかできないじゃないですか。

土屋 うん、それできるならそれだけでいいんじゃない？　ってなっちゃいますけど。でも、せっかくだからヤホー漫才もやりましょうよ。

塙 蒼井優さんは、1985年に福岡県で生まれ、2001年『リリイ・シュシュのすべて』でスクリーンデビュー。2002年には「三井のリハウス」のCMに起用され、10代目リハウスガールとなりました。このリハウスガールといえば、出演した多くの若手女優がその後、日本を代表する女優さんになってますからね。調べてみると「この女優さんも!?」「あ、あの女優さんもそうだったんだ！」ってなるんですよ。

土屋 そうなんですよね！

塙 主な女優には、蒼井優さんなどがいます。

土屋 他の人を教えてほしいんですよ！　宮沢りえさんとか夏帆さんとかね！

塙　2006年には大出世作となる『フラガール』の主演を務めました。そこで共演したのが、山里さんの相方、シーズーちゃんですね。あの、小型の。

土屋　しずちゃんだよ！　めちゃめちゃ大型だし！　しずちゃんがキューピッドになりました。

塙　映画だけでなく、2010年には大河ドラマにも出演しました。あの福山雅治さんが主演を務めた、『亮太伝』。

土屋　『龍馬伝』だよ！　山里亮太さんを題材にした大河ドラマ、やるわけないでしょ！

塙　映画、ドラマ、舞台と活躍し続けています。そんなすごい女優さんを射止めたのは、やっぱりとんでもないことですよね。改めてお祝いの言葉でしめさせてもらおうかなと思います。**AKIRAさん、リン・チーリンさん**[★2]、お幸せに！

土屋　人変わってるよ！　いい加減にしろ！　どうもありがとうございました。

★2　EXILE AKIRA・リン・チーリン、結婚
6月6日、「EXILE」のメンバー、AKIRAと台湾人女優の林志玲（リン・チーリン）が結婚したことが明らかになった。2人は2011年の舞台『レッドクリフ〜愛〜』をきっかけに知り合い、2018年から正式な交際を始めたという。

G20とサニブラウンの話がしたいのに……

土屋 おはようございます。ナイツの土屋です。

塙 おはようございます。ナイツの塙です。東京ではG15が盛り上がってますが、**大阪では昨日、G20が開幕しましたね**[★1]。各国から首脳が集まりまして……。

土屋 ちょっといいですか？　最初のG15のほうが初耳なんですが……。

塙 15名の芸人が謹慎処分になった件、知りません？

土屋 あ、Gって、もしかして芸人の〝G〟!?　初めて聞く表現だよ！　**闇営業の件ね**[★2]。

塙 その話題やりたくないんだよ、知り合いばっかりだし！　話しづらい。

★1　G20サミット、開催
6月28～29日、大阪国際見本市会場にて「第14回20ヶ国・地域首脳会議」（G20サミット）が開催され、日米欧と新興国の20ヶ国の首脳陣が参加、地域貿易や環境、世界経済などの課題で協調策を探る議論を行った。

★2　吉本芸人「闇営業」問題
6月6日、お笑いコンビ「カラテカ」の入江慎也が、所属事務所の吉本興業を通さずに出演料を受け取る「闇営業」を振り込め詐欺グループとの間で行い、吉本所属タレントを仲介していたとして、事務所から契約解除されていたことが明らかになった。さらに7日発売の写真週刊誌「FRIDAY」で、振り込め詐欺グループの忘年会に、入江の他、「雨上がり決死隊」の

土屋　自分から言い出したんだろ！　やりたくないなら、やらなくていいですから。じゃあ、G20サミットの話題に戻ってください。

塙　え？　今、何て？

土屋　いや、だから、G20サミット。

塙　ちょっと、発音良すぎて聞き取れないんですけど。

土屋　全然発音良くないだろ！　何でいきなり聞き取れないんだよ。

塙　僕、思うんですけどね、今回は日本でやってるんだから、G20とか英語で言わず、堂々とすべて日本語でやればいいと思いません？

土屋　いや、そういうわけにもいかないでしょ。G20はG20ですから。

塙　「が・にじゅう」でいいでしょ。

土屋　何だよ「が・にじゅう」って！　「にじゅう」はまだしも、Gを「が」にするのは酷いな！

塙　サミットじゃなくて、西友とか、いなげやでいいって。

土屋　スーパーのサミットじゃないですから！

宮迫博之、「ロンドンブーツ1号2号」の田村亮などが参加していたことも報じられた。

塙　「が・にじゅう大阪いなげや」が開幕しましたね～。

土屋　そんなの誰も来てくれないよ！

塙　大阪だけじゃなくてね、昨日は福岡でも大きな出来事があったじゃないですか。日本最速の男を決める戦い……[★3]**陸上日本選手権の１００ｍ決勝が行われまして、サニブラウン選手が優勝しました。**ぶっちぎりでしたよね。そもそも今大会で、あの体を見た瞬間に、あ、優勝するなって思いましたけどね。

土屋　そうなんだ？　本当に？

塙　だって、見てくださいよ、あの筋肉。カッチカチでしょ？　ゾクゾクするでしょ？

土屋　問題となってる芸人のギャグっぽい言い方にするな！

塙　でもやっぱり、１００ｍの選手って、決勝でピークに持ってくるもんなんですね。サニブラウン選手の決勝なんて、予選とか準決勝の走りと全然違ったでしょ？

★3　陸上日本選手権、サニブラウン優勝
6月28日、第103回日本陸上競技選手権大会第2日が博多の森陸上競技場で行われ、男子100メートル決勝でサニブラウン・ハキームが大会新記録の10秒02をマークし、2年ぶり2度目の優勝を飾り、世界選手権代表に内定した。

土屋　予選とかでは、体力温存のために流したりしますからね。

塙　テレビで見てたら最後のほうなんて、コースの左から右へ受け流してましたから。

土屋　受け流してはないよ！　流してはいたけど！　右から左へ受け流すみたいに言うな！

塙　走りって、足の動きに注目しがちですけど、大事なのは腕の振りなんですよね。

土屋　突然専門的な話になりましたね、運動神経悪い芸人なのに。

塙　すごいなって思ったのが、サニブラウン選手の腕の振りの速さね。そこに注目してもう一度映像で、右ひじと左ひじを交互に見てくださいよ。

土屋　塙さん！　闇営業、イジりまくってますよ？

塙　あ～、しまった！　本当に話題にしたくないのに。こうなったらもう……吟じます！

土屋　何でだよ！　いい加減にしろ！　どうもありがとうございました。

安美錦を二度死なせない漫才

土屋　おはようございます。ナイツの土屋です。

塙　ナイツの塙です。私事ですが、本日をもって引退することになりました……………。

土屋　……塙さん？　……ちょっと、塙さん？　……本気ですか？

塙　と、**安美錦が報告しましたね**[★1]。

土屋　ためすぎだよ！　塙さん自身のことなのかと思っちゃいましたよ！　安美錦さんのことね。

塙　大好きな力士だから残念ですけど、40歳で古傷の右膝とか、もう体ボロボロだったみたいだから仕方ないですよね。

★1　**安美錦、引退**
7月16日、大相撲の元関脇で、現役最年長関取安美錦が現役引退を表明した。名古屋場所で関取在位117場所の歴代最多記録に並んでいた。今後は後進の指導にあたるという。

土屋　はい。安治川（あじかわ）を襲名して、今後は親方として指導していくそうですね。

塙　よく、「人は二度死ぬ」っていうじゃないですか。最初は肉体的な死で、二度目は、人々から忘れられた時、っていう。

土屋　まあ、よく聞きますけど……。

塙　僕は、安美錦を絶対、二度死なせないですよ！

土屋　いや、亡くなったわけじゃないですから！

塙　たとえ人々の記憶から消えたとしても、安美錦の健康状態は僕が維持させますから！

土屋　そっち⁉　どっちかっていうと、忘れないように功績を語り継いでいってくださいよ。

塙　あ、そっち？　わかりました。やっていきますよ！

土屋　絶対そっちだろ。

塙　話、変わりますけど、**今年も日テレの『24時間テレビ』のマラソンランナーが発表されましたね**[★2]。今回は4人での駅伝方式で、全員がフルマラ

★2　『24時間テレビ』マラソン走者決定
7月14日、同日放送の日本テレビ『世界の果てまでイッテQ！』で、8月24～25日に放送される『24時間テレビ』恒例の「チャリティーマラソン」が駅伝方式で行われ、いとうあさこや「ガンバレルーヤ」のよしこがランナーになることが発表された。

ソンを走るんですよね。まず発表されたのは、いとうあさこさんとガンバレルーヤのよしこの２人。

土屋 そうですね。残りの２人は誰なのか、みんな予想してますよね。

塙 １人は安美錦だとしても、残る最後の１人は誰なんですかね。

土屋 何で安美錦さん、自信あるんだよ！　それも絶対ないだろ！

塙 **それから最近、ボトルキャップチャレンジ[★3]とかいうのがＳＮＳで流行ってますよね。**

土屋 はい。あの、回し蹴りでペットボトルの蓋を開けるやつですよね。

塙 有名人もたくさん挑戦してますけど、安美錦の見ました？　あれ、すごかったなぁ。

土屋 安美錦さんもやってたの⁉　知らなかった。成功してたんだ？

塙 蹴りじゃなくてね、高い声出すだけで、蓋が勝手に回って開いちゃうんです。

土屋 マライア・キャリーだろ、それ！　話題になりましたけど。

★3　「ボトルキャップチャレンジ」流行
7月8日、ミュージシャンのジャスティン・ビーバーが、回し蹴りでペットボトルのキャップを飛ばす「ボトルキャップチャレンジ」にトライした動画を公式ツイッターで公開、世界中のSNSでのブームをさらに盛り上げることになった。

塙　それから驚いたのが、横浜ＤｅＮＡベイスターズの安美錦が18人と不倫疑惑……。

土屋　**綾部選手だよ！**[★4]　ちょっといいですか？　塙さん！　いくら安美錦さんを語り継ぎたいからって、ボケをすべて安美錦にするのはどうかと思いますよ⁉

塙　それにしても安美錦、特に最近人気がすごかったじゃないですか。

土屋　続けますね〜！

塙　でも、その安美錦がもう見られなくなるかもしれないってニュースでやってから、みんなものすごく悲しんでますよね。

土屋　あれ？　これは普通に安美錦さんの話じゃないですか？

塙　安美錦、特に渋谷・原宿の若い女子を中心に絶大な人気ですからね。

土屋　いや、これもどうやら安美錦さんのことじゃなさそうですね。

塙　そもそも知ってます？　安美錦の原材料は、キャッサバっていう芋なんですよ。

★4　ベイスターズ綾部、無期限謹慎
　7月16日、プロ野球・ＤｅＮＡベイスターズは神奈川県の青少年保護育成条例に抵触した可能性があるとして、綾部翔投手を無期限の謹慎処分にしたと発表した。綾部投手は２０１７年12月にインターネットを通じて知り合った女子高校生と関係を持ったという。

土屋　タピオカだろ！　**今、[★5]タピオカ不足らしいけど！**　安美錦さん、キャッサバからできてねぇわ！　今日同じボケしかしてないですよ？　もう安美錦さんのことは忘れてください！

塙　忘れられないですよ！　だって、忘れた時が二度目の死なんだから。

土屋　だから、亡くなってはいないんだよ！　もういいよ！　どうもありがとうございました。安美錦さん、お疲れ様でした！

★5　タピオカ大ブーム
7月27〜28日、代々木公園にて「台湾フェスタ2019」が開催され、選りすぐりのタピオカドリンク店8店舗が集結した日本初の「タピオカストリート」が登場、国内で人気沸騰中のタピオカドリンクのブームを後押しした。

塙ファミリーのお家騒動

土屋　おはようございます。ナイツの土屋です。

塙　ナイツの塙です。は〜、すみません。ちょっと今、子育てが大変すぎて、正直漫才作ってる余裕がないんですよ。

土屋　本当に？　それは困っちゃいますけど、何があったんですか？

塙　うちの子供たちが最近、全然言うこと聞かなくてね。ちょっと前にも悪いことして、めちゃくちゃ怒っちゃったんですよ。

土屋　子育てって、そういう時もありますよね。お子さん、何しちゃったの？

塙　僕に内緒で、勝手にお友達からおもちゃ、もらってたんですよ！

土屋　そのくらい全然いいじゃないですか。おもちゃ、もらっただけでしょ？

塙 いや、問題なのは、その友達の父親ってのが、反射（はんしゃ）板作ってる工場で働いてるんですよ。〝はんしゃ〟のお金で買ったおもちゃですよ？

土屋 何の問題もないよ！

塙 そしたら、先週の土曜日ですかね。うちの次女と三女が保育園で、みんな集めて全部告げ口したらしくて、恥かきましたよ。子供部屋で僕が言ったこと、全部言っちゃったんですから。「こら！　みや子ちゃん。りょう子ちゃん。テープ回してないでしょうね？」。

土屋 そんな怒り方してんの？　あと、娘さんたち、そんな名前でしたっけ？

塙 いや、子供の本名を活字に載せるのもなんなんで、偽名にしてますけど。それから「全員お家から出ていきなさい。パパにはその力があるんだよ～」って。あ、その前に、「りょう子、ええよ」って言ったかな。

土屋 最低の怒り方だな！　あと、塙さん、家で関西弁使ってるんだ！

塙 でね、そのことが思ったより大きな問題になっちゃって。僕も保育園行くことになったんです、月曜日。保育園行って釈明してきましたよ。5

土屋　時間半くらいかかりましたね。

塙　異例の長さだな！　で、何て釈明したんですか。

土屋　テープの件については「冗談のつもりで言った」と。家から出てけって言ったことについても「本気なわけないですよ。子供たちのこと、ファミリーだと思ってるんで」って。

塙　ただ英語にしただけですよ！　家族のことをファミリーって！

土屋　親が子供に「勘当や！　ええ加減にせえ！」みたいな感じで言ったんですけど……。

塙　たとえになってないよ！　それをまんま塙さんが娘に言ったんでしょ⁉

土屋　そしたら火曜日の朝ですかね。まさか長女まで出てきちゃってね。長女のカト子が。

塙　カト子……。それも偽名かな？

土屋　「親が変わらないなら私が出て行く！」って……。『スッキリ！』の生放送中に言っちゃって。

土屋　『スッキリ！』の生放送中に！　出演者なの⁉

塙　そうなったら、もっと下の子供たちもそっちについて行くって言い出しちゃって。

土屋　あれ？　塙さん、娘3人だけじゃなかった？

塙　昔はそうでしたけど、今は6000人いますから。

土屋　嘘つけ！　塙さん！　いつまで続くんだよ、それ！　長〜いこと泳がせてたけど……ずっと吉本の騒動のこと、言ってんだろ！[★1]　塙さんの家庭の話みたいに言ってたけど。

塙　あ、バレてました？　そうなんですよ。さすがに今回の件は、真っ向から話しづらかったんで、家族の嘘話に置き換えて。

土屋　じゃあ、さっきの家族のモメごと、全部嘘なのね？　安心しましたよ。

塙　あ、でも、友達の家が反射板作ってるのは本当です。

土屋　それはどうでもいいよ！　いい加減にしろ！　どうもありがとうございました。

★1　吉本興業お家騒動
7月22日、吉本興業の岡本昭彦社長が東京都内で会見し、所属芸人が振り込め詐欺グループの宴会に出席していた「闇営業」問題について謝罪した。20日に、当事者とされる「雨上がり決死隊」の宮迫博之と「ロンドンブーツ1号2号」の田村亮が自主的に開いた会見を見て、「心苦しい気持ちとつらい思いをさせてしまった」のが理由だとし、契約解消と撤回についての明確な基準は示さなかった。

2019
08.24

（聞いたことあるけど）本当にあった怖い話

土屋　おはようございます。ナイツの土屋です。

塙　ハイサイ！　ナイツの塙です。あ、ごめんなさい。今週夏休みでずっと沖縄行ってたんで、つい。今から気持ち切り替えて、ボケんちゅに戻りますんで。

土屋　島んちゅとか海んちゅのボケバージョン？　まだちょっと沖縄、引きずってますよ！

塙　久々の漫才ですけど、しっかりつっこんでくださいよ、内間さん。

土屋　土屋だよ！　スリムクラブも沖縄だけど！　**偶然にも彼らも今週復帰したけどね。**[★1]

★1　スリムクラブ、復帰
8月19日、「闇営業」問題での謹慎処分が解除された吉本興業の芸人の一部が、「ルミネtheよしもと」でステージ復帰した。2016年に暴力団関係者の会合に出演したことで無期限謹慎処分を受けていたお笑いコンビ「スリムクラブ」も登場した。

塙　闇んちゅ。

土屋　やめなさいよ！　沖縄忘れて、ちゃんと時事漫才やりましょう。

塙　とはいえ、まだまだ暑いですしね。せっかくだから夏の風物詩……怖い話なんか、やらせてもらっていいですか？　この夏休みの間にたくさん仕入れてきたんで。

土屋　お、怪談ですか。いいですね、たまにはそういうのも。では、お願いします。

塙　これは、知り合いが実際に体験した話なんですけどね。ある夏の暑〜い日、通勤で高速道路を運転してたら、突然いるはずのない霊が現れて、こっちに向かってきて、運転席から窓の外に引きずり出されそうになったそうなんです！

土屋　何それ！　めちゃくちゃ怖いですね！

塙　だっておかしいじゃないですか。高速道路ですよ？　歩行者がいるわけないのに。さらにその後、窓の外からぶん殴ってきたそうなんですよ！

しかも5発も。あ〜、怖い。あれ、3発目がいちばん効いたんじゃないかな。

土屋 知らないよ！ あの、それ本当に霊ですかね？ 何か聞いたことあるんですよね、その話。

塙 あとこれは、飲食店の店長やってる知り合いが実際に体験した話なんですけどね。ある夏の閉店間際の夜のことだそうです。マスクして深々と帽子をかぶった、まるでこの世の物とは思えない風貌のお客さんにお茶を出したら、それが「熱い！」って、4時間もクレームを続けられたそうなんです。

土屋 **宮崎文夫容疑者だろ、それ！**[★2] さっきのもそうだけど！

塙 あ〜、怖い！ 怖い！

土屋 怖いんだけど、ちょっと〝怖い〟のテイストが違うんだよな。

塙 他にも、知り合いのタクシー運転手が実際に体験した話がありましてね。あれは去年の3月、お客さんを乗せたら、12時間連れ回されたんですっ

★2 あおり運転の男性、逮捕
8月18日、茨城県守谷市の常磐道であおり運転をし、相手の男性を殴るなどしたとして逮捕状が出ていた宮崎文夫容疑者が逮捕された。

て。怖〜い！

土屋 それもだよ！　何で被害者みんな、塙さんの知り合いなんだよ！

塙 そしてさっきまで後ろで脅し続けてたはずの乗客が、後部座席をのぞいてみると……。

土屋 おお、突然ちゃんとした怪談っぽくなってきましたけど。

塙 後部座席に、まだいたんですよ。

土屋 いたんだ！　普通、怖い話の場合、座席が濡れてていなくなってるもんなんですけど。いたんだね。まあ、今回の場合はいなくなっててほしいけどね。

塙 あと、これは、知り合いの喜本さんから聞いた話なんですけどね。

土屋 知り合いなの!?　え？　あの喜本さんと？

塙 いや、喜ぶに本って書いて、喜本さんね。

土屋 完全にあの、宮崎容疑者の交際相手だよ！　逮捕された時、困ると「喜本さ〜ん！」て呼んでたけど！　知り合いじゃないだろ！　というか、

墻　どこが怪談なんだよ！　全部！

土屋　信じてくださいよ！　全部本当にあった話なんですって！　〝本当にあった〟に関しては、疑ってないんですよ！　もう、あの人いじるの、やめよう！

墻　じゃあそろそろ終わりにしますか……うわ、オチが全然浮かばない。喜本さ～ん！

土屋　オチを喜本さんに頼るな！　いい加減にしろ！　どうもありがとうございました。

見ててください、ジャニーさん！

土屋　おはようございます。ナイツの土屋です。

塙　ナイツの塙です。**ジャニー喜多川さんのお別れ会**[★1]**が東京ドームで行われましたね。**すごかったのが、あれだけのジャニーズのメンバーが一堂に集まったことですよね。結局、ジャニーさんは最後の最後まで国民を楽しませてくれたんですね。

土屋　ホントにそうですね。

塙　代表の挨拶を行ったのがジャニーズの長男的存在である、マッチョこと近藤真彦さん。

土屋　マッチだろ！

★1　ジャニー喜多川、お別れの会
　9月4日、7月9日に87歳で死去した芸能事務所「ジャニーズ事務所」の創業者で社長のジャニー喜多川のお別れの会が東京ドームで行われた。午前の関係者の部にはジャニーズ所属のタレントたちや各界の著名人が参列。午後の一般の部は、参列者の数が8万8000人におよぶ一大スケールの「お別れの会」となった。

塙　一時期は、本格的にレスラーとしても活動していましたね。

土屋　レーサーだよ！　レスラーだったら、マッチョって呼ばれてるかもしれないけど！

塙　そしてモニターに流れた映像のナレーションも務めた東山紀之さんも出席しました。残念ながら、メンバー全員は揃わなかったみたいですけどね。

土屋　まぁ、忙しい方もいるでしょうからね。

塙　捜査とかあるから、7人全員揃うのはなかなか難しいですよね。

土屋　あ、全員って少年隊じゃなくて、『刑事7人』のこと？　ドラマ見すぎだよ！

塙　あと、僕がいちばん見たかったのは元SMAPの5人ですけど、残念ながら「新しい地図」の草彅君、香取君、稲垣君、伊能忠敬君は仕事の都合で来られなかったみたいですね。

土屋　新しい地図の中に、大昔の地図作った人が混じっちゃってるよ！

塙　リーダーの仲良い君は出席してましたけどね。

土屋　中居君！　そうじゃないから、こうなっちゃったのかな。　つっこみづらいボケやめて！

塙　2020年いっぱいで活動休止が決まっている「さおマニア」のメンバーは、5人全員揃って出席していましたね。

土屋　「さおマニア」？　知らないですね。そんなグループいましたっけ。

塙　は？　日本を代表するアイドルグループだろ！　櫻井君、大野君、松潤、ニノ、相葉君の頭文字をとった「さおマニア」、何で知らないんだよ！

土屋　嵐だよ！　彼らは頭文字システムやってませんから！　名前ダサすぎるだろ！

塙　それから彼らもいましたね。今、最も勢いのあるKing&Prince……通称コンプラですか。

土屋　キンプリだよ！　嫌だろ、コンプライアンス気にしてるアイドルグループ！

塙　そして、今回のお別れ会の演出を務めたのが、去年タレントを引退してプロデューサーに転身した滝沢秀明さんだったんですよね。すごくないですか？　ちょっと前まではアイドルだったんですよ？　ユニット「タッキー＆カレン」として活躍してて。

土屋　「タッキー&翼」！　それ、もうほぼ、滝沢カレンじゃねえか！

塙　お別れ会には、現役のメンバーだけじゃなくて、ＯＢの方々も出席していました。元シブがき隊の薬丸さん……ヤックンとか、布川さん……モックンとか。

土屋　フックン！　喪服みたいになってますから！　まあ、喪服は着てましたけどね！

塙　とにかくたくさんの人が集まって、ジャニーさんの人望の厚さを感じましたよね。そんなジャニーさんは、本当に舞台を愛していた人でね。ナイツも舞台に立つ人間じゃないですか。僕たちはたまたま、ジャニーズじゃなくてマセキを選びましたけど。

土屋　同じ並びにないよ、マセキとジャニーズは！

塙　見ててください、ジャニーさん！　ジャンルは違えど、僕も日本のエンターテインメントを盛り上げるために、ボケまくりますから！

土屋　いいじゃないですか！

塙　Ｙｏｕもつっこんじゃいなよ。

土屋　突然ジャニーさんっぽくなるな！　もういいよ！　どうもありがとうございました。

2019 09.21

めちゃくちゃラグビーの知識詰め込んで自分でつっこむ漫才

土屋　おはようございます。ナイツの土屋です。

塙　ナイツの塙です。**待ちに待ったラグビーワールドカップ日本大会が開幕しました！**[★1]

土屋　そうですね！　でも、塙さん、そんなにラグビー好きでしたっけ？

塙　いや、まったくと言っていいほど知らなかったんですけど、ワールドカップもあるし、『ノーサイド・ゲーム』の最終回を見てラグビー熱が高まってたから、ここ何日かでめちゃくちゃ勉強してラグビーの知識詰め込んだんですよ。

土屋　なるほどね！　**まずは昨日の初戦、ロシアに勝ちましたね。**[★2]おめでとう

★1　ラグビーW杯2019、開幕
9月20日、アジア初となる「第9回ラグビーワールドカップ」の開会式が東京スタジアムで開催された。予選を勝ち抜いた20ヶ国のチームが参加し、11月2日まで48試合が行われることになった。

ございます！

塙　ありがとうございます！

土屋　別に塙さんに言ったわけではないんですけど。

塙　もちろん、世界ランクでいうと日本が10位でロシアは20位だし、過去の対戦成績見ても日本の5勝1敗なんで、勝てるとは思ってましたよ？

土屋　すごい、ちゃんとデータ入ってるんですね。

塙　とはいえ実際に勝ったとなると、もう興奮しちゃって、今日寝られなかったですね。結局朝5時におはぎ食べて早めに家出てきちゃいました。いや、本番4時間前におはぎ食べるって、ラグビー日本代表じゃないんだから！

土屋　自分でつっこんでますけど！　ラグビー日本代表、おはぎ食べてたんですね。

塙　仕事がなければ、見に行きたかったですよね、東京スタジアムまで。西武多摩川線多磨駅から歩いてね。いや、20分歩くんかい！　だったらも

★2　日本、初戦でロシアに勝利
9月20日、ラグビーW杯日本大会、東京スタジアムにて1次リーグA組の日本（世界10位）とロシア（同20位）の試合が行われ、30-10でロシアを下した。日本は、ボーナスポイントと合わせて勝ち点5を獲得する白星スタートとなった。

っと近い京王線飛田給駅で降りて歩きなさいよ！

土屋 スタジアムまでの最寄駅ね。肝心な試合の中身はどうだったんですか？

塙 試合始まったら、まったくワケわからないうちに点数入って日本勝ってました。どういうルールなんですか、あのスポーツ。

土屋 ルール、まったくわかってないのかよ！

塙 勉強する時間足りなくて、ルールのほうまで手が回らなかったんですよ。

土屋 ルール優先で覚えてください！　周辺のムダな知識入れすぎなんですよ！

塙 ロシアには勝ちましたけど、**次の相手は世界ランキング1位のアイルランドですからね**[★3]。正直、こんな練習じゃ勝てないと思いますよ。いや、高校1年の時、ラグビー部の先輩に「こんな練習じゃ勝てない」って言い放った流(ながれ)選手か！

土屋 そんなエピソードあったんですね！

塙 痛い、痛い。恥骨が痛い！

★3　**日本、アイルランドに勝利**
9月28日、ラグビーW杯日本大会、小笠山総合運動公園エコパスタジアムにて1次リーグA組の日本（世界9位）とアイルランド（同2位）の試合が行われ、19－12で日本が優勝候補のアイルランドを破る勝利をおさめた。

土屋　いきなりどうしたんですか！

塙　今年恥骨痛めて一時離脱してたリーチ・マイケルか！

土屋　その情報も知らないんだよ！　さっきから自分でつっこむのやめてくれませんか？　俺がつっこみたいんで、わかりやすいボケをしてください。

塙　もうボケにつっこまなくていいんで、土屋君は、僕がラグビーボール持った時だけつっこんできてもらえます？

土屋　ラグビーやりたくなってんじゃねえか！　それはツッコミじゃなくてタックルですよ。

塙　でも、今回ワールドカップの試合見てガッカリしたのが、試合のクライマックスのところで、米津玄師の曲がかからなかったんですよね。

土屋　それがかかるのは『ノーサイド・ゲーム』だけだよ！　ドラマですから！

塙　「(棒読みで) 七尾。取ってくれ」

土屋　『ノーサイド・ゲーム』の浜畑のマネすんな！　あと、そんなに棒読みではなかったよ！　いい加減にしろ！　どうもありがとうございました。

2019 11.16 ニノか!? いや、前澤か!?

土屋 おはようございます。ナイツの土屋です。

塙 おはようございます。ナイツの塙です。今週は芸能ニュースがたくさんありました。中でもいちばんのビッグニュースといえば、**嵐[★1]の二宮君の結婚じゃないですか**。

土屋 はい。嵐のメンバーの中で初の結婚ですよ。とにかく、おめでたいですね。

塙 ありがとうございます。やっと発表できました。

土屋 どの立場から言ってんだよ! ニノか!

塙 誰がニノだ!

★1 **二宮和也、結婚** 11月12日、アイドルグループ「嵐」の二宮和也が、一般女性と結婚したことを、ジャニーズ事務所を通じて発表した。二宮は「結婚後も、これまでと変わらず活動してまいりますので、温かく見守って頂けましたら嬉しく思います」などとコメントを寄せた。

土屋　自分がそういうボケしたからつっこんだんでしょ⁉

塙　突然結婚を報告して、ニノロスにしたろか！

土屋　ファンは今、そうなってますけどね！

塙　『硫黄島からの手紙』でハリウッドデビューしたろか！

土屋　だから、ニノはそうでしたよ！　重ねが長ぇな！

塙　休日は家でゲームばっかりしたろか！

土屋　オフはそんな感じなんだ！

塙　コンサートで必ずお客さんに「いらっしゃいませ〜！」って言ったろか！

土屋　そうなの⁉　ニノに詳しいな！　だから、もういいって！　まあ、結婚した芸能人もいれば、別れちゃった芸能人もいましたね。女優の**剛力彩芽さんですよ**[★2]。

塙　ちょっとデリカシーないな。元カレの話題に触れるの早すぎでしょ。

土屋　前澤社長か！

★2　剛力彩芽・ZOZO前澤、破局

11月12日、女優の剛力彩芽と「ZOZOTOWN」を運営するスタートトゥデイの前澤友作社長が破局したことがわかった。前年の4月から、インスタグラムなどで熱愛の様子が投稿されていたが、互いの仕事を考え、円満な別れとなったという。その後、2020年4月には復縁が報じられた。

塙　誰が前澤社長だ！　今度月に行ったろか！

土屋　自分から言ったんだよ！

塙　リツイートした人から抽選で100人に100万円プレゼントしたろか！

土屋　年始にやってたけどね！　もう重ねないで！

塙　絵画を123億円で落札したろか！

土屋　ダメだ、コイツ。強引に話題変えます。**『紅白歌合戦』[★3]の出場者が発表されましたね。**Official髭男dismとか菅田将暉さんなどが初登場で注目されてますね。

塙　そんな白組の司会、頑張りたいと思います。

土屋　櫻井翔君か！　あなたじゃないですから！

塙　誰が櫻井君だ！『news zero』のキャスターやったろか！

土屋　またそれかよ！

塙　嵐の楽曲のラップ部分、作詞して歌ったろか！

★3　『紅白歌合戦』出場者発表
11月14日、大晦日に放送される『第70回NHK紅白歌合戦』の出場歌手が発表された。紅組は日向坂46、Foorin、LiSA、白組はOfficial髭男dism、Kis-My-Ft2、King Gnu、GENERATIONS from EXILE TRIBE、菅田将暉の計8組が初出場となった。

土屋　すごいけどね！　サクラップなんていわれてるけど！

塙　**来年度の「桜を見る会」、中止にされたろか！**[★4]

土屋　桜を見る会は櫻井君、関係ないよ！　もうそれホントにやめてって！　それ、毎回誰が言い出してると思ってるんですか！　塙さんですからね！

塙　誰が塙だ！

土屋　塙だろ！

塙　ヤホーで調べたろか！

土屋　だから、それは本当にあなたがやってることでしょ？

塙　師匠たちの悪口、ネットに書き込んだろか！

土屋　そんなことしてんのか！　絶対やめろ！　もういいよ！　どうもありがとうございました。

★4「桜を見る会」問題
11月14日、参議院内閣委員会において日本共産党・田村智子議員は、首相主催の「桜を見る会」をめぐって、安倍首相が参院予算委員会で虚偽答弁をしていた疑いを追及した。田村議員は菅官房長官が13日に桜を見る会の招待者に「首相推薦枠」があったことを認めたことを指摘。さらに安倍事務所が桜を見る会の参加希望者に送った案内状も示すなどして問い質した。

2019

沢尻らない

土屋　おはようございます。ナイツの土屋です。

塙　おはようございます。ナイツの塙です。わかってますよ。どうせみんな、あの芸能ニュースに触れてほしいんでしょ？　今からやりますよ。

土屋　今週はその話題で持ちきりだけど、あまり漫才ではやらないほうがいいんじゃない？

塙　今回のニュースでガッカリしたファンもたくさんいると思うんですよ。

土屋　やるんですね。まぁ、たくさんいたでしょうね。

塙　残念ですよね。演技はもちろんうまいし、歌も歌えてCD出したり。ここへきてさらに、30代半ばの大人の色気も増してきたところじゃないですか。

土屋　そうですね。

塙　10年くらい前からだそうじゃないですか。

土屋　がっつり触れちゃうんですね……。

塙　ハイパーメディアクリエイターの人もどういう心境でこの報道見てるんですかね。

土屋　やめなさいって。どうしてもそのネタやらなきゃダメですかね。

塙　いや、僕は応援してるんですよ。くみこ様のことを。

土屋　誰だよ、それ！　名前違うでしょ？

塙　ちょっと待って。さっきから何のこと言ってるんですか？　何か勘違いしてません？

土屋　何がですか？　塙さんが言ってるの、何のニュースなの？

塙　**ニッチェの近藤が10年ぶりに彼氏ができたっていうニュースですけど。**[★1]

土屋　今週いちばんどうでもいいニュースだわ！　え？　ずっとニッチェの近

★1　ニッチェ近藤、交際告白
11月21日、お笑いコンビ「ニッチェ」の近藤くみこが、同日放送の日本テレビ系『ダウンタウンDX　スペシャル』に出演し、10年ぶりに恋人ができたことを報告した。相手はテレビ制作に関わる男性で、交際が始まったのは半年前であることも明かした。

藤の話、してたの？

塙　そうですよ。くみこ様の。

土屋　くみこ様とか呼んだことないだろ！　近藤くみこだけど。いや、そもそもこのニュース知らない人も多いと思うから一応説明しておきますけど、今週の『ダウンタウンＤＸ』に出演したニッチェの近藤が、10年ぶりに彼氏ができたことを初告白して、ちょっとした芸能ニュースになったんですよね。

塙　衝撃のニュースでしたよね。

土屋　そうでもないよ！　確かにニッチェは演技うまいしＣＤも出したけど！

塙　お相手が、テレビ制作者……いわゆる、ハイパーメディアクリエイターだそうで。

土屋　テレビマンのこと、ハイパーメディアクリエイターとは言わないよ！　でも、ごめんなさいね。こっちが勝手に違う話題と勘違いしちゃってました。そうか、同じ事務所の先輩として、近藤のことをネタにしてあげたかったのね。

塙　別に。

土屋　やめろ！

塙　でも本当にうまくいって、結婚してほしいと思ってますよ。まだ交際してから半年くらいだそうですけど、相性もバッチギみたいだし。

土屋　バッチリ、だろ！

塙　相方の江上も嬉しくて涙流してたそうですからね。1リットルの。

土屋　『1リットルの涙』か！　後輩利用してそっちの話題やりたいだけだろ！

塙　違いますよ！　そうだ。ニッチェ、『王様のブランチ』でちょうどTBSにいるだろうから、後でおめでとうを言いに行こうかな。あ！　でも近藤だけ降板になったんだっけ。

土屋　え？　そうでしたっけ？

塙　そうそう。**で、**[★2]**代役で川口春奈さんになったんだ。**

土屋　違うよ！　いい加減にしろ！　どうもありがとうございました。

★2　沢尻エリカ、逮捕
11月16日、東京都内の自宅で合成麻薬MDMAを所持したとして、警視庁組織犯罪対策5課は、女優の沢尻エリカ容疑者を麻薬取締法違反容疑で逮捕した。逮捕容疑は、MDMAを含有する粉末を所持した疑いによるもので、本人も自分のものと認めていた。

2019
12.07

沢尻（さわじり）る

土屋　おはようございます。ナイツの土屋です。

塙　おはようございます。ナイツの塙です。今週は、芸能界が結婚ラッシュですね〜……。あれ？　あ、ごめんなさい！　間違って先週の台本やっちゃった。改めまして。**今週は、神田沙也加さんが離婚しましたね。**★1

土屋　最悪の間違え方だよ！　俳優の村田充さんとの離婚を発表しましたね。

塙　神田沙也加さんといえば、現在大ヒット中の映画『アナと雪の女王2』のアナ役を務めていますけど。残念だなぁ。どうせアナの声優、代わっちゃうんでしょ？

土屋　いや、離婚では代わらないよ！　悪いこととして捕まったりしたわけじゃ

★1　**神田沙也加、離婚**
12月4日、女優・歌手の神田沙也加と俳優の村田充が、それぞれのブログで離婚していたことを報告した。2017年4月に結婚を発表して以来の仲睦まじさが話題だったが、子供を持つことなどで折り合いがつかなかったという。

塙　ないんですから。

土屋　あ、そうなの？　よかったぁ。てっきり、アナまでオラフっちゃうんじゃないかと心配してたんですけど。

塙　やらかして交代することを「オラフっちゃう」って言うな！

土屋　それから、今週は流行語大賞が発表されました。年間大賞[★2]にはラグビー日本代表のスローガンの「ONE TEAM」が選ばれましたね。

塙　ラグビーワールドカップ日本大会、盛り上がりましたからね。

土屋　特に僕が思い入れのある選手といえば、スクラムハーフの流選手ですよ。

塙　塙さんと顔が似てるっていうことで話題になりましたからね。先週ゲストに来てくれましたけど（『ちゃきちゃき大放送』11月30日放送回）、確かに似てました。

塙　そうなんですよ。だから、もし僕がオラフったときは、流選手よろしくお願いします。

土屋　オラフった、を普通に使うな！　顔似てるだけで、流選手、漫才できな

★2　**2019流行語大賞**　12月2日、年末恒例の「2019ユーキャン新語・流行語大賞」が発表された。年間大賞には、初の8強入りを遂げ、日本を沸かせたラグビーW杯日本代表チームのスローガン「ONE TEAM（ワンチーム）」が輝いた。

いですから。

塙　逆に、流選手がもし、沢尻(さわじり)ったときは、僕が代わりに行きますんで。

土屋　新しいの、出てきたな！　何だ、沢尻ったって！　たぶん、オラフったと意味一緒だろうけど。

塙　**そしてお笑い界では、ここ1週間、アンタッチャブル[★3]のニュースで持ちきりですよね。**

土屋　そうですね。明日、フジテレビ『THE MANZAI』で、復活したアンタッチャブルの2人が、新作の漫才を披露しますね。

塙　そもそもアンタッチャブルが久しぶりに共演したのは、先週の『脱力タイムズ』のドッキリの企画だったんですよね。ゲストだった柴田さんが番組内でザキヤマさん扮する小手伸也さんと漫才をするはずだったのに、小手伸也さんが途中で本物のザキヤマさんに沢尻ったんですよね。

土屋　そこも沢尻った、使うのか！　だからあれ、ドッキリですから。小手さんがやらかして交代したわけじゃないですよ！　まあ、ちょっと前にス

★3　アンタッチャブル、復活
11月29日、フジテレビ『全力！　脱力タイムズ』で、山崎弘也と柴田英嗣によるお笑いコンビ「アンタッチャブル」が久々に漫才を披露し、話題となった。2人が漫才をするのは、柴田が女性問題などのトラブルで休業期間があった2010年以来のことで、12月8日放送のフジテレビ『THE MANZAI 2019』にもコンビで出演した。

キャンダルで世間を騒がせてはいましたけど。

塙 あ、そうだ！ **小手伸也さん[★4]といえば、少し前に、ヤグったことが報じられましたね。**

土屋 ヤグった、って久しぶりに聞いたな！ 矢口真里ちゃんのあのスキャンダルを受けて、一時期その言葉流行りましたけどね。

塙 そうそう。矢口真里さんが当時、結婚してるにもかかわらず自宅で旦那さん以外の人と、小手(こて)ったことからね。

土屋 ワケわかんないよ！ ヤグるの説明中に、小手るを使うな！ もう、オラフるとか、小手るみたいなの、やめてくれる？

塙 まあ今年も数々の芸能人が薬物、不倫とやらかしてきましたけど、僕の予想では今年これだけじゃ終わらない気がします。年内、最後にもう1人くらい大物芸能人が……タピるんじゃないですか？

土屋 タピるのは構わないだろ！ もういいよ！ どうもありがとうございました。

★4 小出伸也、不倫
10月9日、同日発売の「週刊文春」で、俳優の小手伸也が、ファンに独身であると偽り男女関係を持っていたことが報じられた。小出はフジテレビのドラマ『コンフィデンスマンJP』などでブレイクし、人気を集めていた。

2019

2019 12.28

『M-1』ファイナリストになりきれない漫才

土屋　おはようございます。ナイツの土屋です。

塙　おはようございます。ナイツの塙です。早いもので、今年ももう終わりですね。思い返せばこの1年、たくさんの人が活躍しましたね。3組挙げるとすると、ミルクボーイ、かまいたち、ぺこぱ、かな。

土屋　**先日の日曜夜限定だな！**[★1]　決勝の3組だろ。優勝したミルクボーイ、面白かったですね。

塙　話変わるんですけど、昨日うちの母親から電話あって、料理作っといてくれるって言うんですけど、その料理の名前をちょっと忘れたらしくて。

土屋　この漫才、聞いことあるなぁ……。まあまあ、じゃあ一緒に考えてあげ

★1　『M-1グランプリ2019』
12月22日、漫才日本一を決める『M-1グランプリ2019』決勝がテレビ朝日系で生放送され、「ミルクボーイ」「かまいたち」「ぺこぱ」の上位3組が最終決戦に進出。審査員から6票を集めたミルクボーイが優勝した。

ましょうか。

塙　その料理っていうのが、お正月料理の定番中の定番らしいんですよ。

土屋　おせち料理でしょ、それはもう。

塙　いや、でも母親が言うには、正月毎日出てきて、2日目にはすでに飽きられるって。

土屋　ん～……やっぱ、おせち料理じゃないですか。

塙　いや、でも母親が言うには、注文すると中身スカスカのやつが届くこともあるという。

土屋　おせち料理だろ！　何年か前にそんな事件あったけど！　塙さん、ミルクボーイやるんだったら、違うの挟んでこないと！　全部おせち料理になっちゃってるから。

塙　ああ、そっか。そんなことより、僕、自慢できることがひとつあってね。

土屋　それも聞いたことあるなぁ。決勝で。

塙　ずっと『M-1グランプリ』の話してますけど、僕、『M-1』一度も見たことないんです。

土屋 やっぱり！　かまいたちの「となりのトトロ見たことない漫才」だろ！

塙 僕だけは今後、『M-1』を見ることもできるし、見ないこともできる。

土屋 2年連続で審査員もやってんだろ！　無理あるよ、その設定！

塙 あと最後に、ぺこぱのツッコミってどんな感じだったっけ？

土屋 直で聞いてきたな！　パクるならちゃんとパクってください！　いや、ちゃんとパクるのもどうかと思うけどね！

塙 まあこの1年、活躍した人もいれば、やらかした人もたくさんいました。

土屋 うん。そうですね。

塙 後輩芸人にペットボトル投げた人、タピオカ屋さん恫喝した人、看護師さんにパワハラした人……。

土屋 やらかした木下さん限定やめてください！　**今週[★2]、木下医師、謝罪してましたけど。**

塙 僕、個人的に今年を振り返ると、とにかくドラマを見まくった1年間で

★2　木下博勝医師、パワハラ謝罪
12月27日、元女子プロレスラー・タレントのジャガー横田の夫で、医師の木下博勝が、准看護師の男性へのパワハラ疑惑を報じた週刊誌報道を認め、文書を通じて謝罪した。

したね。何十本見たか。数えきれないですよ。

土屋 役者の勉強のために、ものすごい数、見てましたもんね。

塙 地上波でやってるドラマ、だいたい見たかもしれません。どれも素晴らしい作品でしたけど、中には視聴率が伴わないドラマもありますよ。

土屋 まあまあ、それはね。ありますよ。

塙 視聴率が悪かったドラマを3作品、発表させてもらおうと思います。

土屋 わざわざ言わなくてよくない？　ひとつはハッキリ浮かびますけど。

塙 『いだてん』32話。『いだてん』37話。『いだてん』39話。

土屋 **『いだてん』[★3]限定か！** 1回で3つ言うな！　視聴率ワースト3の回を発表しなくていいよ！

塙 あ、そうだ！　さっきやった、かまいたちの漫才。『M-1』じゃなくて『いだてん』に代えてもう一度やってもいいですか？

土屋 国民全員が見てる番組じゃないと成立しないんだよ！　言いたくないけど！　もういいよ！　どうもありがとうございました。

★3　『いだてん』最終回　12月15日、NHKの大河ドラマ『いだてん』が最終回を迎えた。1964年東京オリンピックに至る日本を描いた『いだてん』は平均視聴率8・2％という大河ドラマ史上のワーストを記録したが、SNSでは賛辞を寄せる声も集めていた。

ON AIR

2020

２０２０年　おもなできごと（６月まで）

１月

○中国・武漢で新型コロナウイルス発生

○イギリス、ＥＵ離脱

○大関豪栄道、引退

２月

○新型コロナウイルス感染でクルーズ船が横浜港停泊

○韓国映画『パラサイト』、アカデミー賞４冠に

○槇原敬之、覚せい剤所持容疑で逮捕

３月

○２０２０東京オリンピック、延期決定

○新型コロナウイルス感染対策で国内一斉休校に

○志村けん、新型コロナウイルスによる肺炎で死去

４月

○全国に緊急事態宣言発令

○緊急経済対策として全国民に10万円給付決定

○岡江久美子、新型コロナウイルスによる肺炎で死去

５月

○黒川弘務検事長、賭け麻雀で辞職

○黒人暴行死によるデモ、全米に拡大

○全国への緊急事態宣言、解除

６月

○持続化給付金の業務委託問題

○小池都知事「東京アラート」発動

○河井克行元法相・案里議員夫妻、逮捕

世界に向けておくる漫才

土屋 おはようございます。ナイツの土屋です。

塙 ナイツの塙です。世界中が驚いたニュースといえば、**イギリス[★1]王室のヘンリー王子が上級王族から退くことを発表しましたね。** ものすごい出来事ですよ？　それなのに日本ではその重大さがまったく伝わってない気がするんですよね。

土屋 そうなんですかねぇ？

塙 わかりやすいように、日本でたとえましょうか？

土屋 あ、それはありがたいですね。

塙 想像してみてください。熱志（あつし）が突然家を出て行っちゃうんですよ。

★1　ヘンリー王子&メーガン妃、王室離脱
1月8日、イギリス王室のヘンリー王子とメーガン妃夫妻は、主要王族の立場から退き、長男と3人でイギリスとカナダを行き来しながら生活する旨を発表した。この発表は祖母エリザベス女王と父チャールズ皇太子への相談なしに行われており、バッキンガム宮殿は夫妻の決定に「失望している」と声明を発表した。

土屋　はい？　誰ですか？

塙　だから、次男の熱志が突然、林下家を出て行っちゃうってことですよ。

土屋　ビッグダディか！　あんまり驚かないよ！　しょっちゅうそんなこと、ありそうだろ！

塙　そうなったら、僕はめちゃくちゃショック受けますけどね。

土屋　塙さんがビッグダディ一家の大ファンだからでしょ？

塙　正直、ヘンリー王子引退どころのショックじゃないですよ。

土屋　知らないよ！

塙　あと、想像してみてくださいよ。父親のチャールズ皇太子が土下座して「はい、ごめんなさい、すみませんでした！　これでいい？」って言ってるところ。

土屋　ビッグダディが美奈子に謝ってたシーンだろ！　それ想像して、何の意味があるんだよ。

塙　もうひとつ大きなニュースは、**カルロス・ゴーン被告が逃亡先のレバノ**[★2]

★2　カルロス・ゴーン、レバノンで会見
1月8日、保釈中に不法に日本を出国した日産自動車前会長のカルロス・ゴーン被告が、保釈後初となる記者会見を、レバノンで開いた。ゴーン被告は日産と日本の検察当局が自身の逮捕を共謀したと主張し、自らにかけられている疑いを晴らすと誓った。秘密裏に出国した方法や、逮捕に関与したとされる日本政府関係者の詳細については触れられなかった。

ンで会見を開きました。日本のテレビ局では、唯一テレビ東京だけが会場に入れたんですよね。

土屋 はい。8日水曜日の夜に、記者会見の模様を緊急報道番組で放送していましたね。

塙 僕、水曜の夜はいつも通り、テレビ東京の『家、ついて行ってイイですか？』を見てたんですけど、それが終わった後すぐ、番組が切り替わったんですよね。

土屋 あ、ちょうどテレビ東京、見てたんだ！

塙 緊急報道『レバノンの家、ついて行ってイイですか？』が始まりました。

土屋 そんなバラエティのノリじゃないだろ！　あのスタッフがゴーンさんについて行ったわけじゃないですから。

塙 そうなの？「飛行機代払いますんで」って言って同行させてもらったんじゃないの？

土屋 絶対違うよ！

塙　その、ゴーン被告の記者会見は、約2時間半にも及んだそうですけどね。

土屋　身振り手振りを交えてしゃべりまくって、〝独演会〟なんて言われてましたね。

塙　すごかったらしいですね。僕、冒頭の、日本の検察ディスり漫談しか見てないけど。

土屋　漫談じゃないよ！

塙　見なくてもその後の内容はだいたい想像つきますよね。ふだんやらない長尺のコントとか、途中の企画コーナーとか。

土屋　やるか！

塙　で、衣装チェンジのときは、映像でコント流しといたんでしょ。

土屋　お笑いの独演会じゃないんだよ！　ゴーンさんお笑いライブやったワケじゃないから。

塙　それにしても、今週は世界規模の話ばっかりですね。これはもう世界に向けて漫才やったほうがいいんじゃないですか？　もう、英語でやりましょうよ。

土屋　世界に向けて、英語で漫才やるんだ！

塙　ということで今から英語で、**「加藤紗里、離婚」**[★3]の漫才やります。

土屋　それは日本語でいいよ！　いい加減にしろ！　どうもありがとうございました。

★3　**加藤紗里、離婚**
1月10日、タレントの加藤紗里が前年9月に入籍していた男性との離婚を明かした。離婚の理由は男性の経営する会社が傾いたことによるもので、「『金がない男に興味はない』とずっと言っている。だから興味ないなと思って離婚した」などと語り、18日には妊娠中であることも明らかにした。

ナイキの厚底ノートパソコンのおかげです

土屋 おはようございます。ナイツの土屋です。

塙 ナイツの塙です。**約9年前に芸能界を引退した島田紳助さんが、misonoさんのYouTubeに登場して話題になりましたね。**[★1] 若い子はあまり知らないかもしれませんけど、紳助さんといえば名司会者で、数多くの人気番組のMCを務めていたんですよね。『クイズ！ 屁くさゴン』に『1分間の不快な話』、『オールスター反社祭』。

土屋 『ヘキサゴン』だよ！ 誰か屁こいたのか！ 『深イイ話』だし！ 真逆だろ！ あと、『感謝祭』！ 反社祭のオールスターは怖すぎるよ！ というか、すごいボケ数ですね。

★1 島田紳助、misonoのYouTubeチャンネルに登場
1月13日、元タレントの島田紳助が歌手のmisonoのYouTubeチャンネルに出演。2011年8月の引退以来、約9年ぶりにメディアに登場し、現役時代と変わらぬトーク力を見せ、チャンネル登録者数を1日で1・5倍まで増やす効果も呼んだ。

塙　実は、新しいノートパソコンにしてから、ボケのペースが格段に上がったんですよ。すごいんですよ、ナイキのノートパソコン。

土屋　ナイキ!? ノートパソコンなんか出してました？

塙　賞レースで上位に残るような芸人はほとんどこれ使ってて。不公平じゃないかって、そのパソコンでネタ書くの、禁止されそうなんですよ。

土屋　ナイキの厚底シューズみたいなことになってんな！

塙　使いやすいんだよなぁ、ナイキの厚底のノートパソコン。

土屋　使いづらいだろ！　厚底シューズ、問題になってますね。

塙　**陸上長距離界を席巻しているナイキの厚底シューズ「ヴェイパーフライ」[★2]が、禁止になる可能性が高いみたいですね。**ヴェイパーフライ、履いたことあります？

土屋　僕はさすがにないですけど……。選手からするとかなり走りやすいみたいですね。

塙　前にも、競泳でスピード社の「レーザーレーサー」っていう水着が同じ

2020

★2　ナイキ厚底シューズ問題
1月15日イギリスの新聞各紙が、長距離マラソン界で好記録を続出しているナイキ社の厚底シューズ「ヴェイパーフライ」について、国際陸連によって禁止となる可能性が高いと一斉に報じた。「ヴェイパーフライ」シリーズは、ミッドソールの間に反発力のあるカーボンプレートを挟み込むなどされており、前年から使用を問題視する声が上がっていた。29日には世界陸連が全面使用禁止を見送る方針であることが伝えられた。

ような問題になったじゃないですか。

土屋 北京オリンピックのときですね。あれを着た人が軒並み記録が伸びたんですよね。

塙 レーザーレーサー、着たことあります？

土屋 ないよ！　水泳選手じゃないですから。

塙 あの水着って、締め付けを強くして水の抵抗を減らしてるそうで、北島康介選手も脱いだ瞬間、「超気持ちいい」って言ってましたもんね。

土屋 あれ、キツイ水着脱いだ解放感から出た言葉じゃないよ！　全裸で言ってなかったろ。レーザーレーサーはその後、禁止になりましたよね。

塙 1988年のソウルオリンピックのときにも、ベン・ジョンソンが禁止薬物を使って世界新記録を出したけど取り消し。あれ以来、禁止薬物の使用も禁止されましたね。

土屋 禁止薬物は最初から禁止されてるよ！　禁止薬物って言ってんだから！

塙 禁止薬物、使ったことあります？

土屋　あるか！　シューズとか水着感覚で聞いてくんな！

塙　今週は、政治関連のニュースもいろいろとありました。**小泉進次郎環境大臣が育児休暇を取得することになりまして、これに批判の声があるんですよね。**[★3]僕個人としては賛成です。だって、家庭環境も大事にしてほしいですからね。

土屋　あ〜、環境大臣だけに！　なるほどね。

塙　それから以前、「火つけてこい」などと言って炎上した兵庫県明石市の市長が、またしてもやらかしましたね。**新年会で市議に「議員辞めてまえ！」という不適切発言をしたそうです。**[★4]ホントに、スキー初心者か！

土屋　……ボーゲンばっかり。

塙　暴言（ぼうげん）とボーゲン！　今日はうまいこともバンバン出てくるんですね。それもやっぱり、そのノートパソコンのおかげなんですか？

塙　あ、これは禁止薬物のおかげです。

土屋　絶対やめろ！　もういいよ！　どうもありがとうございました。

★3　小泉進次郎、育児休暇　1月15日、小泉進次郎環境大臣が、前年結婚したフリーアナウンサーの滝川クリステルの出産に合わせて、自ら育児休暇を取得することを発表した。日本の現職の男性閣僚が育児休暇を取得するのは初めてとなる。

★4　明石市長、また暴言　1月14日、兵庫県明石市の泉房穂市長が市内で開かれた新年会の席上で、市政をめぐって口論になった市会議員に「もう議員辞めてまえ」と暴言を浴びせていたことがわかった。泉市長は前年1月にも「火をつけて捕まってこい」などの暴言を市幹部に浴びせていたことが発覚し謝罪、辞職したのちに出直し市長選で改めて当選していた。

東出君と「たかしあいしてるずーっと」

土屋　おはようございます。ナイツの土屋です。

塙　ナイツの塙です。**フジテレビのアナウンサー、ミタパンが結婚しましたね。**[★1]お相手は一般の男性だそうですけど、珍しくないですか？　だって女子アナといえば、スポーツ選手かおばたのお兄さんとしか結婚しないイメージじゃないですか。

土屋　そんなことはないよ！　あと、おばたのお兄さんは山﨑アナだけだしね！

塙　ミタパンにも幸せになってほしいですけど、夫婦って難しいですよね。周りからは幸せそうに見えてても、知らないうちに大変なことになってる夫婦ってたくさんいますから。**自民党の河井夫婦もそうでしょ。**[★2]

★1　**三田友梨佳アナ、結婚**
　1月22日、フジテレビの三田友梨佳アナウンサーの30代一般男性との入籍が明らかになり、26日のフジテレビ「ワイドナショー」の番組内で結婚報告を行った。男性は外資系企業勤務の会社員で、三田の姉夫婦の紹介で知り合ったという。

★2　**河井案里議員と夫に1億5千万円**
　1月23日、自民党の河井案里参院議員が、前年7月の参院選の公示前、夫の河井克行前法相とそれぞれ支部長を務める党支部に対し、党本部から計1億5千万円が振り込まれていたことが報じられた。同選挙で自民党から出馬して落選した溝手顕正候補への党本部からの入金は1500万円で、10倍の開きがあった。1億

土屋　あそこが大変なのは、夫婦関係の問題じゃないですから！　今、大変な夫婦といえば、東出・杏夫婦じゃないですか。

塙　**俳優の東出君が不倫して、別居していることが明らかになりました。**[★3]不倫した相手が、共演した若手女優の唐田えりかさんだそうです。気持ちはわかりますよ？　ドラマの現場なんて、一緒にいる時間長いし、役の関係とかで感情も入りやすいから、現場以外のプライベートでも会いたくなってしまうもんなんです。

土屋　そうなんですね。

塙　僕だって、『警視庁・捜査一課長』で共演した近藤芳正さんのワークショップにプライベートで参加したことありますし。

土屋　今回のケースとはまったく違うだろ！　相手、おじさんだし！　勉強しに行っただけでしょ？

塙　不倫といえば、**年末に離婚した木下優樹菜さんの不倫疑惑がネット上で大きな話題になっていますね。**[★4]疑惑の発端というのが、去年、ユッキー

5千万円について河井議員は受け取ったことは認めながら、違法ではないと答えた。

★3　東出昌大不倫騒動
1月23日、俳優の東出昌大と女優の唐田えりかの不倫問題が「週刊文春」で報じられた。東出は2015年に女優の杏と結婚し、3人の子供をもうける仲の良い夫婦として知られていたため、ワイドショーなどで反響を呼ぶことになった。

★4　木下優樹菜、不倫疑惑
1月10日、タレントの木下優樹菜と元サッカー日本代表の乾貴士の不倫疑惑が「週刊女性PRIME」にて報じられた。2人のインスタグラムの投稿内容が関係をほのめかすものと解釈された。木下は前年12月にお

ナがインスタグラムに投稿した文章の最初の文字を縦読みすると、「たかしあいしてるずーっと」って読めることが発覚したんですね。

土屋　フジモンさんの名前はたかしじゃないから、不倫相手へのメッセージなんじゃないか、と噂されるようになり、誰のことなんだって、ネット上で相手探しが始まったんですよね。

塙　僕の口からはね、たかしっていう〝相棒〟が誰かは言えないですけどね。言いたいことも言えないこんな世の中ですから。

土屋　反町隆史さん、匂わせてない？

塙　ポイズン！

土屋　ポイズン！　じゃねえよ！　いや、たかしって、反町隆史さんじゃないですよ？

塙　え？　反町の隆史じゃないの？

土屋　違うよ！

塙　そっちじゃないほうか。まぁ、たかしが誰とは言わないけど、たかしも

笑いコンビ「FUJIWARA」の藤本敏史と離婚していた。

一度くらいユッキーナみたいなエンジェルと、トレンディな恋愛したかったんじゃないですか。

土屋 トレンディエンジェルのたかしのこと言ってます？

塙 ぺっぺっぺっぺー！

土屋 それは斎藤さんのほうだろ！　だから、トレンディエンジェルのたかしでもないよ！　サッカー日本代表の乾貴士選手といわれてて ね、本人は、雑誌の取材に対して「仲の良い友達の1人」と答えてたので、真相はわからないですけどね。

塙 そんなことより、今日の漫才台本のいちばん上の漢字を縦読み（というか、この本の場合は横読み）してみたんですか？

土屋 してないですけど、え？　まさか、何か文章になってるんですか？

塙 土塙土塙土塙土塙……。

土屋 俺らの名前じゃねぇか！　何の意味があるんだよ！　どうもありがとうございました。

独立しても実力すごい中居君

土屋　おはようございます。ナイツの土屋です。

塙　ナイツの塙です。**昨日[★1]、中居正広さんが会見を開いて、ジャニーズ事務所を退所することを報告しました。**驚きましたね。世界が仰天したニュースじゃないですか。

土屋　『世界仰天ニュース』っぽく言ってますけど。ビックリしましたね。

塙　でも、さすが中居君ですね。あんなに笑いが起こった会見、見たことないですよ。集まった記者たちみんな、スマイルでね。金曜日に。

土屋　『金曜日のスマイルたちへ』か！　無理やり中居君の番組名、入れなくていいよ！

★1　**中居正広、ジャニーズ事務所退所**
2月21日、元SMAPの中居正広が東京都内で会見を開き、ジャニーズ事務所を3月いっぱいで退所することを発表した。退所の意向を事務所に伝えたのは前年5月頃で、退所のタイミングを考えていたが、ジャニー喜多川社長の死去などもあって、年をまたいでの退所となった。今後は個人事務所「のんびりなかい」を立ち上げ、芸能活動を続けていくという。

塙　味いちもんめ！

土屋　昔主演してたドラマ！　せめてうまいこと文章に入れ込んでください！

塙　でも、中居君は独立してもこれまでと変わらずテレビで活躍し続けるんでしょうね。だって、中居君ってバラエティタレントとしての実力がすごいじゃないですか。アイドルであんなにうまくバラエティの司会できる人、いなかったですよ。頭がよくないと、あそこまでいろいろな番組の司会、できないと思いますよ。芸能人であそこまで知識あるのって、中居君か山田五郎さんくらいじゃないかな。

土屋　そこまでですか？　山田五郎さんの知識量、相当ですよ？

塙　言われてみれば、見た目もどことなく五郎さんに似てません？

土屋　全然似てないよ！　中居君、キューピーちゃんみたいな髪型してねぇだろ！

塙　あと、中居君ってアイドルなのに自虐的なことも言うじゃないですか。普通、カッコいいアイドルが自虐ネタ言ったら嫌味になっちゃうんだけど、中居君のは面白いんですよね。初めて宮下草薙の草薙を見たとき、「あ、中居君みたいな若手芸人出てきたな」って思わなかった？

土屋　思わないよ！　あそこまでネガティブなこと、言わないだろ！

塙　中居君ってお笑いの能力も高くて、いじられたときも芸人みたいなリアクションできるじゃないですか。「歌ヘタですよね？」とか言われても、「ちょっと！　ちょっとちょっと！」って。

土屋　ザ・たっちか！　普通に「ちょっと〜！」とかでしょ。

塙　あ、そうか。「ちょっと！　ちょっとちょっと」は、ザ・たっちのたくやのギャグか。

土屋　2人で同時にやってるんだよ！　かずやも入れてやれ！

塙　それから中居君といえば、野球好きとしても有名で、野球の番組の司会とかもよくやってますよね。野球の話をするとき、すごくいきいきとしゃべるじゃないですか。選手や実況から、ウグイス嬢、効果音のモノマネまでして。

土屋　それ、柳沢慎吾さんじゃない？

塙　あ、そうか！　勘違いしてた。じゃあ、タバコの箱を無線にして話すのは？

土屋　それも柳沢慎吾さんだよ！

塙　あ〜、それも慎吾ちゃんか〜！

土屋　ちょっといいですか。塙さんさっきから、元SMAPのメンバーの名前入れてません？　五郎とか、くさなぎとか、たくや、しんご……。

塙　バレました？

土屋　そういうイタズラ、やめてくれる？

塙　でも、よく考えてみてくださいよ？　中居くん、山田五郎さん、宮下草薙の草薙、ザ・たっちのたくや、柳沢慎吾さん。この5人が「世界に一つだけの花」を歌うところ、見たくないですか？

土屋　全然見たくねえよ！　いい加減にしろ！　どうもありがとうございました。

やってやります、新型コロナウイルス漫才

土屋 おはようございます。ナイツの土屋です。

塙 おはようございます。ナイツの塙です。僕の使命ですから。やってやりますよ。新型コロナウイルス漫才。怒られない範囲で絶妙にボケることに決めましたんで。じゃあ始めましょう。いや〜、新型コロナウイルスが大変ですね。

土屋 そういうこと言わないで、普通に始めたほうがいいんじゃない？

塙 **新型コロナウイルス[★1]の感染拡大を受けて、今週水曜日、ついに政府がその対策の基本方針を発表したんですよね。**

土屋 そうですね。大規模なスポーツとか文化イベントなどについて、今後2

★1　新型コロナウィルス騒動
2月25日、新型コロナウイルス（COVID-19）の感染拡大に伴い、政府は感染症対策の基本方針を発表。これまで水際での対策を講じてきたが、国内の複数地域で感染経路が不明の患者が散発的に発生しており、一部地域には小規模の患者クラスター（集団）が把握されている状態になったとし、開催予定のイベントについては自粛を要請するものではないが、開催の必要性を改めて検討してほしいと述べた。

★2　Perfume、東京ドーム公演中止
2月26日、テクノポップユニット「Perfume」が同日開催予定だった東京ドーム公演（2日目）について、新型コロナウイルス感染症週間程度、中止か延期、または規模を縮小するように要請しましたね。

塙　それが発表された日は、開演直前に急きょ中止になったライブもありましたからね。あの子たち名前、何でしたっけ……あの、「かしゆかです、あ〜ちゃんです、のっちです、3人合わせて、Perfumeです！」の子たち……。

土屋　それだよ！　グループ名と個々の名前まで全部言えてますよ！　**東京ドーム公演が急きょ中止になったんですよね。**[★2]

塙　**京セラドームで行われる予定だったライブもなくなりました。**[★3]何だっけ、あの子たち。「ATSUSHIです、TAKAHIROです、メンディーです、兼近です、りんたろーです……」

土屋　EXILE、そんな挨拶しないよ！　あと、最後の2人、EXITね！　ちょっと名前似てるけど！

塙　そんな中！　同じくその日、**秋葉首相補佐官が政治資金パーティーを開いていたことが発覚して、批判されていますね。**[★4]それはマズイでしょ。

対策本部にて政府に要請された方針に従い、公演の中止を発表した。

★3　EXILE、京セラドーム公演中止
2月26日、ダンス&ボーカルグループ「EXILE」が同日開催予定だった京セラドーム大阪4DAYS公演(4日目)について、新型コロナウイルス感染症対策本部にて政府に要請された方針に従い、公演の中止を発表した。

★4　秋葉首相補佐官政治資金パーティ問題
2月26日、秋葉賢也首相補佐官が、新型コロナウイルス感染拡大を受けて政府がイベントの自粛を呼びかけた当日に、地元の宮城県内で政治資金パーティーを開いていたことがわかった。秋葉補佐官は、記者団に対

だって、安倍首相が自粛を呼びかけたその日に、首相補佐官が、パリピとバイブスぶち上げてたなんて……。

土屋 そんなチャラいパーティーではないだろ！ そこにEXITもいたのか！

塙 テンションアベアベで。

土屋 あげあげ、みたいに言うな！

塙 他にも、**「R-1ぐらんぷり」[★5]決勝も無観客で行われることになったりと、**本当にいろいろなところに影響が出てる新型コロナウイルスですけど、ただ今週は、それ以外にもいろいろな出来事も起こってるんですよ。それなのに、コロナのニュースに隠れて、そこまで話題になってないニュースがたくさんあるんですよ。いったん新型コロナウイルスのこと、忘れさせてもらっていいですか。

土屋 確かにね。ふだんならもっと大きく取り上げられてるようなニュースがね。

塙 **[★6]チュートリアルの徳井さんが復帰することを発表したでしょ。**まぁここ

し「今日もパーティーをやっている議員はいる」などとしたうえで、「PCR検査（遺伝子検査）の件数を調べた上でトータルで判断した」と強調した。

★5 「R-1ぐらんぷり2020」
3月8日、ピン芸人日本一を決める「R-1ぐらんぷり2020」がフジテレビ系で生放送され、お笑いコンビ「マヂカルラブリー」の野田クリスタルが18代目王者に輝いた。新型コロナウイルス感染拡大への対策として、決勝を無観客で行った。

★6 チュートリアル徳井、復帰
3月15日、お笑いコンビ「チュートリアル」の徳井義実が、「ルミネtheよしもと」のライブで約5ヶ月ぶ

で言うことじゃないかもしれないですけど、今年の確定申告、1ヶ月延長になりました。

土屋　本当にここで言ってやんな！　あと、それも新型コロナウイルスの影響ですけどね。

塙　それから、[★7]**テニスのシャラポワ選手も引退を表明しました。**彼女は日本でも大人気でしたよね。あの美しい見た目から……陽性？　陰性？　妖精か。妖精と呼ばれてました。

土屋　陽性・陰性の妖精じゃないよ！　またコロナっぽくなってますよ！　ちょっと、さすがにそろそろ怖いんでやめてもらえます？

塙　大丈夫ですよ。無観客でやってるんで。

土屋　ラジオで放送されてんだよ！　もういいよ！　どうもありがとうございました。

りに舞台復帰した。徳井は前年10月より、東京国税局に約1億2000万円の申告漏れを指摘されたことを受けて、活動を自粛していた。

★7　シャラポワ、引退
2月28日、ロシアの女子テニス選手で、シングルス元世界ランキング1位のマリア・シャラポワが現役引退を表明した。アメリカの雑誌の電子版に、「テニスにさようならを言う」と記していた。

志村さん、ありがとうございました

土屋　おはようございます。ナイツの土屋です。

塙　ナイツの塙です。読んでてもわからないだろうけど今、僕たちの前にはアクリル板が置いてあるんです。

土屋　そうなんですよ。**飛沫感染対策**[★1]として最近、多くのラジオ番組がそうしてるんです。

塙　ちょっとやりづらいけど、今は逆に心のアクリル板は外してるんでね。

土屋　あ、ふだん、ナイツの間には心のアクリル板あったんだ！　聞きたくなかったですね。

塙　テレビのニュース番組なんかでも、最近は人と人との間隔をあけて放送

★1　新型コロナウイルス感染拡大
3月25日、東京都庁で行われた記者会見で小池百合子都知事は、新型コロナウィルスについて「オーバーシュート・感染爆発の重大局面にある」と訴え、感染防止対策として、(1)換気の悪い密閉空間・(2)多くの人の密集する場所・(3)密接した会話の「3密」を避けるように都民に促した。

してますね。僕らも漫才やるとき、いつもより少し距離をあけるようにしてますし。本当はもっと思い切って離れたほうがいいんでしょうけど、さすがにそれだと漫才にならないんで。でもその分、いつもと違って、心の距離はくっつくようにしてるんで。

土屋 それ、やめてって！　いつもは心の距離あるみたいになっちゃうから！

塙 とはいえ、お客さんの前で漫才やる機会はまだほとんどないですけどね。

土屋 そうですね。いまだにお笑いライブはなかなか再開できてない状況です。

塙 お笑いファンの人は、好きな芸人のネタを見る機会が減ってかわいそうですね。でも近いうち必ず、僕がそういう機会設けますんで！

土屋 あ、何か考えてるんだ？　偉いですね！

塙 今週といえば、**コロナ対策として、布マスクが配布されるそうです**[★2]。

土屋 全世帯に、布マスク2枚を配布することを安倍総理が発表しました。

塙 ありがとうございます。あんなもん、なんぼあってもいいですからね。

土屋 ミルクボーイのつかみのネタだろ！　内ポケットに入れるやつ！

★2 「アベノマスク」配布　4月1日、政府の新型コロナウイルス感染症対策本部第25回会議にて安倍首相は、全国のマスク不足問題解消のため、全世帯を対象に布マスクを2枚配布すると表明した。17日より東京都内から配られたが、到着が遅れたり、配布受注に不透明な部分があるなどの問題を残す結果になった。

塙　みんなミルクボーイ、見たいでしょ？　そして**今週末も引き続き、外出自粛が呼びかけられてますけど**[★3]、その影響で今、デリバリーが人気だそうですね。ピザ屋さんとか。僕も昨日頼んだんですよ。「遅ぇな〜」。ピザ頼んだのに1時間以上も来ねぇよ」。ピンポーン。「お待たせしました」。すいません、ちょっと迷っちゃって」「迷うって、道一本じゃねえか」「いや、行くかどうか迷って」「そこ迷うな！」。

土屋　それ、サンドウィッチマンの漫才でしょ！　ピザ屋のつかみのネタの。

塙　ピザじゃなくてピッツァね。

土屋　そのボケも出てくるよ！

塙　だって、みんなサンドウィッチマン、見たいでしょ？

土屋　見たいだろうけど！　あ、さっき言ってたネタを見せる機会設けるって、塙さんが芸人たちのネタをやって見せてあげるってこと？　本人のが見たいんですから！

塙　それから、コロナの影響はドラマにまで及びましたね。ＴＢＳでは何作

★3　**外出自粛呼びかけ**
3月25日、東京都庁で行われた緊急会見にて小池都知事は、都内で新型コロナウイルスの感染者が急増している状況を受け、週末（3月28日〜29日）の外出自粛を要請した。

か放送延期を発表しました。『半沢直樹』の続編とか。堺雅人さんのあのセリフを待ちわびてる人も多いんじゃないですか。「やられたら、やり返す……だいじょぶだ！」。

土屋 全然違うよ！

塙 「やられたら、やり返す……だっふんだ！」。

土屋 「倍返しだ」だよ！ **どっちも志村さんだろ！**[★4]

塙 だって、志村けんさん、見たいでしょ？

土屋 めちゃめちゃ見たいよ！ 子供の頃から好きでずっと見てきたんだから。

塙 僕もそうですよ。これからも志村けんさんのギャグはやり続けさせてもらいますよ。土屋君だって、やりたいでしょ？

土屋 そりゃ、やりたいですよ。

塙 そうでしょ？ あなたが、変なおじさんなんでしょ？

土屋 フリが違うよ！ いい加減にしろ！ 志村さん、どうもありがとうございました。

★4 志村けん、死去
3月29日、ザ・ドリフターズのメンバーでお笑いタレントの志村けんが、新型コロナウイルス感染による肺炎で、東京都内の病院で死去した。享年70。20日に緊急入院、23日に陽性が判明していた。初の本格的テレビドラマ出演となったNHK『エール』は撮影済の収録シーンはそのまま5月1日に放送された。初の主演映画になる予定だった山田洋次監督作品『キネマの神様』は26日に出演を辞退していた

2020 04.11

家にいるばかりで暇なのでいろいろ始めてみました

土屋　おはようございます。ナイツの土屋です。

塙　ナイツの塙です。みなさん、大丈夫ですか？　ここのところずっと新型コロナウイルスへの対応に追われて、コロナ疲れしてませんか？　僕ももしかしたらそうかもしれないし。

土屋　みんなそうですよね。

塙　みなさんの気持ち、よくわかります。そりゃキツイと思いますよ、毎週毎週、コロナ、コロナ、コロナ。だって、今日で7週目になるんじゃないですか？　コロナで漫才やるの。みなさん、キツイでしょ？

土屋　みんなはそんなことやってないよ！　俺らだけだろ！「コロナ漫才疲

★1　緊急事態宣言発令
4月7日、首相官邸で行われた記者会見で安倍首相は、新型コロナウイルス感染対策として、7都府県を対象に緊急事態宣言を発令した。宣言では「極力8割程度の接触機会の削減を目指す」『3密』を避ける」「可能な限りテレワークを推進する」などが実行すべき行動として示されることになった（16日、緊発令範囲は全国に拡大された）。

れ」してんのは！

塙　そろそろデカめの芸能人、不倫してくれよ！

土屋　やるか！　今、不倫してバレたらその芸能人、完全に終わるよ！

塙　**今週[★1]ついに、7都府県に対して、緊急事態宣言をエガちゃんが発令しましたね。**

土屋　江頭さんにそんな権限ないよ！　**渋谷[★2]の街頭ビジョンで「Ｓｔａｙ Ｈｏｍｅ」って叫んでたけどね！**

塙　まあでも、本当にここ最近、家にいますよね。けっこう暇ですよ。寄席とか番組収録もなくなってるし、外出もしてないし、子供が「パパ遊ぼう」って言ってくるのも無視だし、何もやることないんですよ。

土屋　それは遊んでやりなさいよ！　でも確かに、今まで、こんなに家にいることなんてないですよね。

塙　あまりにもやることなくて、**僕[★3]、暇つぶしにツイッター、始めちゃいましたからね。**

2020

★2　江頭2：50、渋谷で「ＳｔａｙＨｏｍｅ」絶叫
　4月8日、お笑いタレントの江頭2：50が東京・渋谷の街頭ビジョンで、「1人ひとりの行動にかかっている」「みんなでこの危機を乗り越えようぜ　ＳｔａｙＨｏｍｅ」と、新型コロナウィルス感染拡大防止を促す動画を配信した。運営企業が江頭にビジョンを無償提供したことで実現したという。

★3　ナイツ塙、ツイッター開始
　4月7日、お笑いコンビ「ナイツ」の塙宣之が、公式ツイッターを開設。初ツイートでは「ナイツ塙です。今日からツイッターを始めます。宜しくお願いします」と挨拶。さらに11日にはＹｏｕＴｕｂｅで公式チャンネルもスタートさせた。

土屋　そうなんですよね！　見ましたよ。

塙　まだあんまりよくわかってないんですけど、ありがたいことに、さっき数えたらもう、2万4千人フォロワーしてくれてました。

土屋　ちょっと待ってください！　フォロワー1人1人、数えてるの？

塙　はい。5時間かかりましたけど。

土屋　フォロワー数なんて、どこかに表示されてんだろ！

塙　これから、どんどんささやいていきますから。

土屋　つぶやく、っていうんだよ！

塙　「やるね」ボタン、押してほしいですね。

土屋　ないよ、そんなボタン！　「いいね」でしょ？　ツイッターのこと、全然わかってねぇな！

塙　は？　ハッシュタグつけてやろうか！

土屋　それの意味もわかってないだろ！

塙　土屋家全員の本名にハッシュタグつけて、ツイートしてやるよ！

土屋　それは本当にやめて！

塙　暇つぶしでやってることといえばもうひとつ、**僕が出てるドラマ『警視庁・捜査一課長』も始まりました**[★4]。

土屋　仕事だろ！　俳優業を暇つぶしみたいに言うな！　今週からスタートしましたね。

塙　外出できないこんな状況だからこそ、より、ドラマを見て楽しんでもらいたいなって思いますよ。

土屋　確かにそうかもしれないですね。

塙　撮影現場でご一緒した主演の内藤剛志さんも言ってましたよ。「必ず、ホシをあげる！」。

土屋　撮影中にセリフで言っただけだろ！　もういいよ！　どうもありがとうございました。

★4 『警視庁・捜査一課長2020』スタート
4月9日、俳優の内藤剛志が主演するテレビ朝日系のドラマ『警視庁・捜査一課長2020』の放送が開始された。2012年のスタート以来、連続ドラマとしては2年ぶりの第4弾。初回の視聴率は13・3％という好記録を残した。

コロナだらけの流行語大賞!?

土屋 おはようございます。ナイツの土屋です。

塙 ナイツの塙です。**今週[★1]ついに、全国で緊急事態宣言が解除されました。**全国のみなさん、自宅での無期限の芸能活動自粛、お疲れ様でした。

土屋 普通に自粛だろ！ **芸能活動自粛[★2]は、手越君だけですから。**

塙 しかし、ＮＥＷＳも苦労が多いアイドルグループですよね。初期は９人いたメンバーもどんどん減っていって、現在は３人での活動となりますから。頑張ってほしいと思いますよ。だって、もしこのまま減っていって０人になっちゃったら、日テレの夜の報道番組みたいになっちゃうじゃないですか。「ｎｅｗｓ ｚｅｒｏ」って。てごっしです！

★1 緊急事態宣言解除
5月25日、首相官邸で安倍首相は、新型コロナウイルス感染対策として首都圏などで継続されていた緊急事態宣言を解除した。14日に先に解除されていた39県と合わせて、緊急事態宣言は全国で解除された。さらに首相は、「新たな日常」の中で感染拡大の再発を防ぎながら、経済や国民生活を再生するための政策も述べた。

土屋　ねづっちです、みたいに言うな！

塙　だから、いっそのこと、メンバー増やしちゃったらどうですかね。

土屋　増やしちゃうの？

塙　思い切って、23人にしちゃうとか。

土屋　多いな！　ＮＥＷＳが23人……「ＮＥＷＳ23」か！　結局また報道番組になってるよ！

塙　ますっちです！

土屋　ＮＥＷＳの増田君のことなのかな？　もういいよ！

塙　緊急事態宣言が解除になったとはいえ、まだ収束したわけじゃないからコロナとの戦いは続いていくわけですけど、１つ心配してることがあるんですよ。このままだと年末の流行語大賞が、10個すべてコロナ関連の言葉になっちゃうんじゃないですか？

土屋　他に心配することたくさんあると思うけど、確かにそれはあるかもね。

塙　「緊急事態宣言」もそうだし、「ＳｔａｙＨｏｍｅ」も入ってくるだろ

★2　ＮＥＷＳ手越、芸能活動自粛
　5月26日、芸能大手のジャニーズ事務所は、「ＮＥＷＳ」のメンバーである手越祐也が、自身の芸能活動を中止することを発表した。手越は4月に外出自粛期間にもかかわらず女性たちとパーティを開いていたことを、「週刊文春」で報じられていた（6月19日には手越の事務所退所が発表された）。

うし。あと、感染防止のために、人と2メートルの距離を保ちましょう、っていう意味の、ソー……あれ、ソー……のあと、何だっけな。

土屋 あんなに毎日聞いてる言葉、忘れちゃいました?

塙 「ソーシャルウィダンス」か。

土屋 「ソーシャルディスタンス」だよ! 「シャルウィダンス(Shall we dance?)」だと、くっついちゃいますから!

塙 あと、それと同じような意味ですけど、密集、密閉、密接を略した「シュウペイ(集閉)」。

土屋 「三密」だろ! どこ略してんだよ! ぺこぱの「シュウペイ」も今年よく聞くけどね!

塙 あと「アベノマスク」も候補ですかね。全世帯に配られた布ぶくろのことですね。

土屋 布マスクね! 布ぶくろだと、「布袋(ほてい)」になっちゃいますから!

塙 それから、「パンデミック」とか「クラスター」といった横文字の言葉

土屋　も多かったですね。たくさんありすぎて全部の意味は理解してないですけどね。他にも、ロックダウン、バンビーナ、サレンダー、POISON、スリル……。

塙　ほぼ、布袋さんの曲名だよ！

土屋　マリオネット、ONLY YOU……。

塙　BOØWY時代までさかのぼるな！

土屋　「医療崩壊」も入るかもしれませんね。世界的には多くの国が医療崩壊に陥ってますけど、日本でも現場から多くの悲鳴があがってますよ。週刊誌によれば、**米倉涼子さん、『ドクターX』降板しちゃうんでしょ？**[★3]

塙　そんな報道あったけど、医療崩壊とは関係ないですから！　『ドクターX』のスタッフは悲鳴あげてるかもしんないけど！

土屋　でも今のところ、年間大賞の最有力候補は、**「賭け麻雀」じゃないですか。**[★4]

塙　絶対ないよ！　いい加減にしろ！　どうもありがとうございました。

2020

★3　米倉涼子、『ドクターX』降板？
5月26日、同日発売の「女性自身」にて、女優の米倉涼子が主演する人気ドラマシリーズ『ドクターX　〜外科医・大門未知子〜』を降板するのではないかと報じられた。その後、本人に降板の意志はないことなど情報が錯綜している。

★4　黒川弘務検事長辞任
5月20日、同日発売の「週刊文春」にて、黒川弘務東京高検検事長が緊急事態宣言期間中に新聞記者と賭け麻雀をしていた疑いがあることが報じられた。本人も大筋でこれを認め、21日に辞表を提出、22日の閣議で承認された。

塙　しかし、こうやってみると随分の数やったなぁ。時事ネタ酔いするね。

土屋　そんな言葉、聞いたことないよ！　でも、振り返ってみて思うけど、少なくとも自分がニュースのネタになってないのは、まあ一安心かな。

塙　僕はけっこうやらかしちゃいましたね。子供が生まれたのが2回と、『M―1』審査員を2回と、ツイッター始めたので1回。

土屋　別にまずいことやったわけじゃないからいいよ！

塙　もともと僕ら、そんなに時事ネタをやるコンビでもなかったんだけど、なんとなく流れでちょいちょいそれっぽいネタをやり出して、そしたら『ちゃきちゃき』を始めるにあたって毎週時事漫才をやりましょうって話になって。

土屋 それで毎週こういうネタをやっていたら、ふだん、寄席や演芸会でやる漫才も時事ネタが多くなってきて、独演会でもだんだん時事漫才の要素が増えるようになって。

塙 時事ネタは毎回新しいのを作りやすいっていうのが大きいね。毎週何かしらのニュースがあるから、ネタ自体が尽きることがないし。

土屋 ニュースに対して何かしらコメントしたり論評したりするっていうのは、それこそワイドショーからSNSまでいくらでもあるけど、漫才の形で毎週ニュースをネタにするっていうのは、今のところこの『ちゃきちゃき』の時事漫才しかないからね。

塙 特に薬物事件みたいなキツいニュースについて、笑いを交えてコメントするのって難しい。だけど、漫才の形でならニュースを笑いで描くことができるし、きっちりボケとツッコミを構成して笑いにすることで、ニュースの当事者になった人も浮かばれるというか。

土屋　そうですね。ニュースになった当時、ネタにされた人たちが、月日が経ってこの本を読んで笑ってくれたら本望、ってところはあるかもね。

塙　「あいつ、本当に最低だ」とか世間から言われていた人も、この漫才を通して見たら何となく捨て置けない人に見えるっていう、そんな感じで読んでもらえたらいいね。

土屋　『ちゃきちゃき大放送』のオープニング漫才も5年目になるんだけど、5年とは言わず、10年、20年と、この先もずっと時事漫才をやっていきたいですね。

塙　いや、まったく変えようと思ってます。リズムネタも入れるし、映像使ったネタもやる！

土屋　映像はラジオじゃ伝わらないだろ！

塙　ニュースとかもういいから、もっとアイドルとか猫とか、SNSでバズりそうなネタをどんどん入れていって、若い子に迎合していきます。

土屋　さっきまで「ニュースを笑いで描く」とか言ってたのはどうしたんだ

よ！

塙　いつまでも女子高生ウケしない時事ネタなんかやってられないよ。

土屋　これまでやってきたこと、全否定かよ！　もういいよ！　どうもありがとうございました。

スタッフ

作　野口悠介（タイタン）
編集　河田周平
ブックデザイン　平塚兼右（PiDEZA Inc.）
本文組版　平塚恵美、矢口なな、新井良子（PiDEZA Inc.）
写真提供　共同通信社
協力　TBSラジオ、マセキ芸能社

ナイツ 午前九時の時事漫才

2020年8月7日　初版第1刷発行
2020年8月13日　第2刷発行

編者　TBSラジオ
『土曜ワイドラジオTOKYO
ナイツのちゃきちゃき大放送』
発行者　井上弘治
発行所　**駒草出版**
株式会社ダンク出版事業部
〒110-0016
東京都台東区台東1-7-1　邦洋秋葉原ビル2F
tel. 03-3834-9087
https://www.komakusa-pub.jp/
印刷所　中央精版印刷株式会社

ISBN 978-4-909646-30-9